21 COSAS que Dios jamás dijo

Cómo corregir las ideas equivocadas
acerca del evangelismo

R. LARRY MOYER

EVANTELL
El Evangelio. Claro y Sencillo.

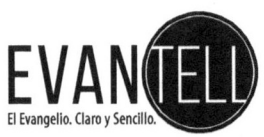

Nuestra Misión en *EvanTell*: Somos un Ministerio que inspira y equipa iglesias e individuos para llevar al mundo el evangelio de forma clara y sencilla.

Título del original: 21 Things God Never Said: Correcting Our Misconceptions about Evangelism, © 2004 por R. Larry Moyer y publicado por EvanTell Inc., Dallas Texas 75370.

Segunda edición en castellano: 21 cosas que Dios jamás dijo, © 2006 por R. Larry Moyer y publicado por por EvanTell Inc. Dallas, Texas 75370.

Todos los derechos reservados. Ninguna parte de este libro puede ser reproducida, almacenada en un sistema, o transmitida en cualquier forma o por cualquier medio-electrónico, mecánico, fotocopia, grabación, o de otra manera, sin el permiso por escrito del editor, con excepción de las citas breves en las revisiones impresas o reseñas.

A menos que se indique lo contrario, todas las citas bíblicas han sido tomadas de la versión Reina-Valera 1960, © Sociedades Bíblicas Unidas. Todos los derechos reservados.

Traducción: Luis Bernal Lumpuy

Publicado por EvanTell Inc.
PO Box 703929
Dallas, TX 75370

ISBN 978-1-7330505-0-0

1 2 3 4 5 edición / año 10 09 08 07 06

Impreso en los Estados Unidos de América
Printed in the United States of America

*Dedicado al
Dr. Haddon W. Robinson,
en reconocimiento por su influencia en mi
vida. Mediante su ayuda aprendí la gracia
y la necesidad del estudio cuidadoso de la
Biblia.*

Contenido

Introducción   11

Idea falsa 1
"Si no sabe la fecha en que fue salvo,
entonces no es salvo".   13

Idea falsa 2
"Si no les hablas a otros de mí,
entonces no eres cristiano".   23

Idea falsa 3
"No debe andar en compañía de pecadores".   29

Idea falsa 4
"Si quiere ser salvo, solo invite a Cristo a que
entre en su corazón".   38

Idea falsa 5
"Cuando pierde la oportunidad de hablarle a alguien
de Cristo, la culpa es suya si esa persona va al
infierno".   45

Idea falsa 6
"Si va a evangelizar, debe saber defender lo
que usted cree".   52

Idea falsa 7
    "Si lo asusta la evangelización, no tiene el don de
    evangelismo".   59

Idea falsa 8
    "Si no derrama lágrimas por los perdidos,
    no será eficiente en la evangelización".   65

Idea falsa 9
    "Usted es salvo aunque esté confiando en algo
    más que en Cristo para su salvación eterna".   72

Idea falsa 10
    "Si duda de su salvación, entonces no es salvo".   82

Idea falsa 11
    "Es suficiente llevar una vida cristiana alrededor
    de los inconversos. En realidad no hay que emplear
    palabras".   90

Idea falsa 12
    "No se espera que todos los creyentes evangelicen,
    sino solo quienes tienen dones de evangelismo".   97

Idea falsa 13
    "A menos que esté dispuesto a apartarse de sus
    pecados, no puede ser salvo".   103

Idea falsa 14
    "Si no ama a su hermano o hermana en Cristo,
    entonces no es salvo".   113

Idea falsa 15
    "Si vienes a mí, te haré saludable y rico".   119

Contenido

Idea falsa 16
"Si vienes a mí, quiero toda tu vida o nada". 130

Idea falsa 17
"Como yo, Dios, soy soberano y salvaré a quienes elija,
no necesito tu ayuda". 139

Idea falsa 18
"Para evangelizar al miembro de una secta,
hay que saber lo que la secta cree". 146

Idea falsa 19
"Si no estás dispuesto a confesarme públicamente,
no puedes ser salvo". 154

Idea falsa 20
"No debe dar testimonio hasta que su vida sea lo que
debe ser. Pudiera hacer más mal que bien". 163

Idea falsa 21
"Estoy decepcionado con tus resultados en el
evangelismo.
No has guiado a muchas personas a mí". 171

Apéndice: Tratado: "¿Me permite hacerle
una pregunta?" 179

Notas finales 181

Introducción

Dios nunca quiso que el evangelismo fuera una molestia. Quiso que fuera un privilegio. Ha de ser agradable, no aterrador.

Lamentablemente, el evangelismo no ha sido siempre visto por los creyentes como el privilegio que es. Una razón para eso es que algunos hacen afirmaciones acerca del evangelismo como si estuvieran diciendo la "verdad del evangelio", cuando en realidad están fomentando mitos. Esas ideas falsas han disminuido la claridad en la presentación del evangelio.

Pablo exhortó a Timoteo a que usara bien la palabra de verdad (2 Ti. 2:15), y Dios pide lo mismo de nosotros. Sin embargo, en lo que se refiere al evangelismo y a la salvación, muchas veces algunos creyentes emplean versículos fuera de contexto. Como resultado, otros creyentes se sienten culpables por su falta de esfuerzos evangelísticos o son motivados a evangelizar por miedo y vergüenza, instrumentos de motivación que Dios no emplea.

Un enfoque correcto y bíblico del evangelismo mejora la claridad. *Veintiuna cosas que Dios jamás dijo* corrige muchas ideas falsas, de modo que el mensaje que es claro en la voluntad de Dios se haga claro en la nuestra. Los creyentes también comienzan a entender cómo Dios nos ha dado un privilegio inmerecido; el privilegio de influir en cuanto a dónde las personas pasarán la eternidad. Con esa comprensión, los creyentes pueden entonces evangelizar de la misma manera en que son salvos; por gracia, no por culpa.

Quiera Dios usar este libro para ayudarle a enfocar el evangelismo desde una perspectiva bíblica. Que el evangelismo lo entusiasme por lo mismo que entusiasma el corazón de Dios: ¡El ganar a los perdidos para Cristo!

Idea falsa 1

"Si no sabe la fecha en que fue salvo, entonces no es salvo".

Era refrescante la brisa otoñal que soplaba a través de las ventanas de la casa de campo de Michigan. La conversación era cordial. Sentado frente a mí, el esposo hablaba del día en que fue salvo, el día en que tuvo lugar una transformación emocionante en su vida. Sin embargo, su esposa parecía preocupada. Ambos sabían con claridad cuál es el único medio de salvación: Confiar solamente en que Cristo nos salve. Así que ¿por qué estaba uno preocupado y el otro tan entusiasmado?

Un pensamiento cruzó por mi mente: *¿Está preocupada ella porque no puede decirme la fecha exacta en que conoció al Salvador?* Así que dije sin que me lo hubiera preguntado: "Lo emocionante es que, siempre que usted confíe solamente en Cristo, usted es salva sin que importe cuándo dio ese paso decisivo. No tiene que saber la fecha exacta en que ocurrió".

Se le iluminaron los ojos. "Ese es mi problema", dijo ella. "Entiendo el mensaje de salvación y sé que he confiado en Cristo, pero no puedo decirle qué día ocurrió. Temía tanto que usted me preguntara la fecha exacta en que fui salva. Para mí fue algo gradual hasta que un día comprendí que podía decirles a los demás que era salva".

Cuando era un adolescente en busca de cosas espirituales, también oí ese énfasis equivocado en la fecha. Digo con tristeza que lo hizo un evangelista. Con voz autorizada advirtió: "Si no sabe el día en que fue salvo, usted no es salvo". Ahora sé que él no quería decir que uno tenga que dar la fecha exacta, como el 16 de octubre. Quería decir que tiene que haber un día en su mente que pueda recordar y decir: "Recuerdo vívidamente aquel día en que fui salvo".

Sin embargo, en aquella ocasión me sentí confundido. ¿Debía volver a pasar por todo el proceso de ir a Cristo? Eso parecía insensato cuando ya lo había hecho. Pero si no estaba seguro de la fecha, ¿tendría problema con Dios porque exige algo que no pude dar? Me sentí confundido, frustrado y asustado.

¿Cómo el énfasis en una fecha específica nos impide que evangelicemos? En primer lugar, la duda en cuanto a la salvación quita la libertad y el gozo de hablar de Cristo. ¿Cómo podemos hablar del éxtasis del cielo si hay alguna duda de que estemos allí nosotros mismos? Cuando confié por primera vez en Cristo, yo quería que todos supieran que el cielo podía ser suyo. Pero me preguntaba: *¿Puedo decirles cómo ser salvos si no puedo dar la fecha exacta de mi salvación?* Sentí como si mis pies estuvieran en el freno y en el acelerador al mismo tiempo. Quería avanzar, pero no podía.

En segundo lugar, el énfasis en una fecha impide que nos acerquemos a algunas personas. ¿Qué les decimos a quienes declaran que son salvos pero no pueden dar una fecha exacta cuando dieron el paso decisivo?

¿Qué dicen las Escrituras?

¿Cuál es el problema con esa afirmación que hizo el evangelista cuando yo era adolescente? Nunca afirma tal cosa la Biblia.

El Evangelio según San Juan explica cómo recibir la vida eterna. Lea los pasajes siguientes y observe las veces que mencionan algo acerca de la fecha en que usted fue salvo.

> Para que todo aquel que en él cree, no se pierda, mas tenga vida eterna. (Jn. 3:15)

> Porque de tal manera amó Dios al mundo, que ha dado a su Hijo unigénito, para que todo aquel que en él cree, no se pierda, mas tenga vida eterna. (Jn. 3:16)

Idea falsa 1

El que en él cree, no es condenado; pero el que no cree, ya ha sido condenado, porque no ha creído en el nombre del unigénito Hijo de Dios. (Jn. 3:18)

El que cree en el Hijo tiene vida eterna; pero el que rehúsa creer en el Hijo no verá la vida, sino que la ira de Dios está sobre él. (Jn. 3:36)

De cierto, de cierto os digo: El que oye mi palabra, y cree al que me envió, tiene vida eterna; y no vendrá a condenación, mas ha pasado de muerte a vida. (Jn. 5:24)

Jesús les dijo: "Yo soy el pan de vida; el que a mí viene, nunca tendrá hambre; y el que en mí cree, no tendrá sed jamás". (Jn. 6:35)

Y esta es la voluntad del que me ha enviado: Que todo aquel que ve al Hijo, y cree en él, tenga vida eterna; y yo le resucitaré en el día postrero. (Jn. 6:40)

De cierto, de cierto os digo: El que cree en mí, tiene vida eterna. (Jn. 6:47)

Yo soy la resurrección y la vida; el que cree en mí, aunque esté muerto, vivirá. Y todo aquel que vive y cree en mí, no morirá eternamente. ¿Crees esto? (Jn. 11:25-26)

Pero éstas se han escrito para que creáis que Jesús es el Cristo, el Hijo de Dios, y para que creyendo, tengáis vida en su nombre. (Jn. 20:31)

¿Cuántas veces mencionaron esos versículos el saber la fecha en que usted fue salvo? Si dijera ninguna, tiene razón. Cuando la Biblia da la promesa de salvación, se basa en *un hecho*, no en una fecha. La pregunta correcta es: "¿En quién estoy confiando en este momento?"

Si estamos confiando en que solamente Cristo nos salva, somos salvos sin que importe cuándo o dónde dimos el paso decisivo. Nuestra salvación se establece *por la persona en quién confiamos, no por la fecha* en que confiamos en Él.

¿Hubo un día determinado de salvación?

¿Es convertirse en hijo de Dios algo que ocurrió en un momento determinado, o es un proceso? Sí, hubo ese instante en que Él nos libró "de la potestad de las tinieblas, y [nos trasladó] al reino de su amado Hijo" (Col. 1:13). Pero el llegar a entender el mensaje de salvación pudiera haber ocurrido en varios días, en semanas, en meses o incluso en años. Aunque la verdadera *transición* del reino de Satanás al reino de Dios ocurrió en un segundo, el tener que saber la fecha en que ocurrió esa transición no se enseña en la Biblia.

Es cierto que en las Escrituras algunos recién convertidos hablaron del momento específico en que conocieron al Salvador. Por ejemplo, la conversión de Pablo se halla en Hechos 9. Volvió a contar esa conversión en Hechos 22 y otra vez en Hechos 26. Tenía claro en su mente el día que conoció al Salvador. Aun la hora estaba clara, alrededor del mediodía. Habló de la experiencia espectacular, destacando detalles de una luz enceguecedora y de la voz estruendosa del cielo, su caída al suelo y su respuesta al Señor.

El etíope eunuco pudo sin duda habernos dado detalles del día en que conoció al Salvador. Podemos leer los detalles en Hechos 8:26–39, pero es fácil imaginarse lo que les habría dicho a sus amigos. "Yo volvía de la adoración en Jerusalén e iba leyendo del profeta Isaías, cuando de pronto…" Sin duda, habría mencionado el encuentro con Felipe y el llegar a entender que Cristo es, en realidad, el Hijo de Dios. Es probable que haya sido tan específico acerca del día de su conversión como Pablo lo fue de la suya. Inmediatamente después de confiar en Cristo, el etíope fue bautizado y entonces vio que Felipe desapareció de modo sobrenatural.

La aparición y luego repentina desaparición del que guió a una persona al Salvador habría grabado aquel día en la memoria de

Idea falsa 1

cualquier persona. ¿Cómo pudiera alguien *no* recordar con claridad un día tan extraordinario? Pero decir que el día que dimos el paso de las tinieblas a la luz debe estar tan vívido en nuestra mente como si fuera en la mente de Pablo o del etíope, es una interpretación incorrecta de esos relatos.

La Biblia pone de relieve que la salvación es una decisión personal que nadie puede tomar por nosotros. También está claro que Cristo es el único medio de salvación. Igualmente claro está que hubo un momento determinado en que dejamos de ser hijos de las tinieblas para convertirnos en hijos de luz. Debemos saber de quién somos y por qué somos suyos. También debemos saber que, mediante la confianza personal en que solamente Cristo nos salva, nos hemos apropiado de su muerte. Pero nunca se nos dice que debemos saber el momento preciso en que ocurrió.

¿Por qué el énfasis equivocado en una fecha?

Cuando evangelizamos, no siempre hemos preguntado: "¿Es esto lo que enseña en realidad la Biblia?" Con gran facilidad ponemos a un lado la Biblia. Se hacen afirmaciones sin examinarse con la verdad bíblica.

Cuando evangelizamos, nos encontramos con quienes dicen: "Siempre he sido cristiano". En realidad, eso quiere decir: "Nunca *he llegado* a ser cristiano". No nacemos cristianos; Nacemos pecadores. El pecado se origina en Adán, de modo que toda la raza humana es culpable delante de Dios. Romanos 5:12 nos dice: "Por tanto, como el pecado entró en el mundo por un hombre, y por el pecado la muerte, así la muerte pasó a todos los hombres, por cuanto todos pecaron". Queriendo alarmar, a veces los evangelistas han dicho: "Si no sabe la fecha en que fue salvo, usted no es salvo". Pero es incorrecto hacer afirmaciones que no hace la Biblia, solo para que las personas sean conscientes de su condición pecaminosa.

Un mejor enfoque es (1) "¿Está seguro de que, si muriera en este momento, usted iría al cielo?" y (2) "Si usted estuviera delante de Dios y Él le preguntara '¿Por qué debo dejarte entrar en el cielo?', ¿qué le diría usted?"

21 cosas que Dios jamás dijo

La noche antes de mi vuelo para ir a una campaña evangelística en Pensilvania, casi no pude dormir. Así que, cuando comencé a oír el zumbido de los motores a reacción del avión, me quedé dormido. Dos horas después desperté y comencé a conversar con el hombre que estaba a mi derecha. Él observó que yo tenía un libro acerca de temas espirituales y me preguntó: "¿Es usted predicador?" Le respondí: "Sí, lo soy". Él desahogó sus dificultades personales, y me dijo que su esposa acababa de dejarlo. Se sentía destruido. Estábamos a punto de aterrizar, de modo que no pudimos hablar mucho; pero supe que volvía a Dallas el domingo (mientras que yo volvería el lunes). Le dije: "¿Por qué no lo llamo y nos reunimos para conversar? Me gustaría ayudarle". Intercambiamos números de teléfono y le di mi ejemplar del tratado "¿Me permite hacerle una pregunta?" (vea el *Apéndice*).

Cuando volví a Dallas, lo llamé y nos reunimos para desayunar. Resulta que el hombre había sido una vez jugador profesional de fútbol, lo que fue confirmado por apariencia fornida. Me contó por qué lo abandonaba la que había sido su esposa durante siete años, y reconoció que ambos habían cometido errores. Lo escuché con compasión y luego le dije: "Su matrimonio puede haber terminado, pero no su vida. Aun Dios quiere que sucedan buenas cosas, y Él quiere usarlo a usted". Le dije que todo comienza con una relación personal con Cristo. Entonces le pregunté: "¿Ha llegado a un punto en que, si muriera, sabe que iría al cielo?" Él respondió: "Sí".

Al llegar a este punto, algunos habrían preguntado: "¿Exactamente cuándo aceptó usted a Cristo?" Yo sabía que él no podía decírmelo, y ya había determinado que él no entendía el evangelio. Así que le pregunté: "Si usted estuviera delante de Dios y Él le preguntara '¿Por qué debo dejarte entrar en el cielo?', ¿qué le diría usted?" Explicó que había tratado de hacer lo bueno y de llevar una vida buena. Yo respondí: "¿Qué diría usted si le dijera que Dios no aceptaría esa respuesta?" Él estaba sorprendido. Seguí entonces con la presentación del evangelio, explicando que la vida eterna es un don. Él estaba asombrado con lo que veía en las Escrituras. Entre pan con mantequilla y café con leche, oramos juntos, y él le dijo a Dios que estaba confiando en que Cristo lo salvara; y me dijo cuán agradecido estaba de que Dios lo hubiera

Idea falsa 1

puesto a mi lado en el avión. Acordamos en reunirnos otra vez a fin de que yo pudiera seguir discipulándolo.

Algunos saben la fecha y otros no.

La razón de que muchas personas *sí* sepan el momento preciso en que fueron salvas es porque su conversión fue dramática. Puede haber estado precedido por la pérdida de un amigo o de un empleo, o la noticia repentina de una enfermedad incurable. Puede haber sido con un terrible accidente o por el vicio a una determinada sustancia. La grave depresión que conduce a ideas suicidas pudiera mostrarles a algunos su necesidad espiritual.

Mientras hablaba en una iglesia en Illinois, conversé allí con un creyente y le pregunté: "¿Cuándo conoció usted al Señor?" Se le iluminó el rostro. Sonriendo de oreja a oreja respondió: "16 de marzo de 1991, a las 9:45 P.M." Cuando oí los detalles de su conversión, comprendí por qué el momento específico era tan vívido para él.

En esa fecha, el joven había estado viajando en el auto con una compañera de estudios. Ella se sentía entusiasmada con su fe y quería hablar de ella. Como había poco tránsito en la carretera de cuatro sendas, la joven entabló una conversación con él. Ella dijo: "Si pudieras pedirle algo a Dios, ¿qué le pedirías?" La impresionó al echarse a llorar, confesándole que estaba lejos de Dios. Enredado en un estilo de vida homosexual, pensaba que Dios no quería nada que ver con él. Explicándole el evangelio, ella lo guió a Cristo. Como el joven había arruinado su vida, las lágrimas precedieron a su conversión. Es dudoso que olvide el día o las circunstancias.

Sin embargo, no todas las conversiones son tan dramáticas. Algunos van a Cristo con antecedentes religiosos liberales. La única razón de que no fueran salvos es porque nadie les había explicado el evangelio. Entonces comenzaron a asistir a una iglesia que enseñaba la Biblia y aprendieron que Cristo salva a los pecadores. Cuando se proclamó el evangelio de gracia, confiaron en Cristo y recibieron vida eterna. A medida que crecían en Cristo, pensaban: *Un momento. Eso quiere decir que hace años, cuando yo asistía a esa iglesia liberal, yo no era salvo.*

Cuando esas personas dan su testimonio, es muy claro: "Yo estaba perdido y ahora soy hallado". A veces no pueden decirle el día exacto en que fueron salvas. Solo saben que son salvas.

Un creyente me dijo: "No puedo darle la fecha específica en que confié en Cristo. Fue en algún momento durante mis primeros meses en la universidad. Pero sé que Jesucristo murió y resucitó por mí".

Hacer énfasis en que todos tienen que saber la fecha en que fueron salvos pasa por alto las diversas circunstancias en las que Dios salva a las personas.

Además, hay un momento determinado en el que el destino eterno de uno cambia para siempre. Pero cuando la Biblia da la promesa de salvación, se basa en un hecho, no en una fecha. Si usted está confiando solamente en Cristo, usted es salvo sin que importe cuándo tuvo lugar la transacción divina.

¿Por qué un hecho, no una fecha?

¿Por qué es importante el hecho, no la fecha? En primer lugar, *Quién* nos salvó resulta en nuestra seguridad, no *cuándo*. Somos salvos porque somos suyos, sin que importe cuándo llegamos a ser suyos. Debemos poner el énfasis en el mismo lugar que Dios lo pone. Cristo afirmó: "El que cree en mí, tiene vida eterna" (Jn. 6:47).

En segundo lugar, mientras da su testimonio, *cuándo* usted fue salvo es de poca ayuda. Nadie puede ir a Cristo *cuando* usted lo hizo. Ese momento ya pasó. Cada persona debe ir a Cristo como fue usted, como pecador que confía en Cristo. Si usted sabe la fecha, menciónela; pero lo más importante es contar *cómo* fue salvo, por gracia mediante la fe.

Una tercera razón de por qué es importante el hecho y no la fecha es que muchas personas, cuando vean a Cristo, descubrirán que solo pensaban que sabía el día exacto de su salvación. La transacción eterna tuvo lugar una semana, o incluso meses, más tarde cuando en realidad entendieron el evangelio.

Confieso que posiblemente yo sea una de esas personas. Llegué a entender el evangelio mediante mi propio estudio bíblico mientras crecía en la granja lechera de mi padre en Lancaster, Pensilvania.

Idea falsa 1

Yo araba los campos, cultivaba el maíz y pasaba el azadón al huerto. El sudor me corría por el rostro, pero difícilmente lo notaba. Mis pensamientos estaban en lo que aprendía: la vida eterna es gratuita. Cuando la verdad llegó a la granja, me arrodillé junto a mi cama una noche y confié en Cristo. Luego, cuando asistí a la Universidad Bíblica de Filadelfia y aprendí más acerca de la gracia de Dios y de la seguridad eterna, yo estaba contentísimo. Comprendí el amor incondicional de Dios como nunca antes. Me pregunto a veces: ¿De veras confié en Cristo aquella noche en la granja lechera? ¿O fui salvo durante mi primer año de instituto bíblico? ¡Anhelaba averiguarlo!

Una cuarta razón para dar énfasis al hecho y no a la fecha es que hacer hincapié en una fecha a veces confunde a los demás, sobre todo a los niños. Los niños entienden mejor cuando crecen. Entonces se preguntan si entendieron el evangelio cuando pensaron que se entregaban a Cristo. Se sienten tranquilos al saber que, si confían solamente en Cristo, son salvos. El momento en que ocurrió la salvación no es lo importante.

Un estudiante sensible de primer año del instituto bíblico una vez se me acercó con lágrimas que le corrían por las mejillas. Ella me dijo: "Usted acaba de quitarme una gran carga. Ahora ha desaparecido". Explicó que sus padres le habían dicho que ella se entregó a Cristo cuando era una niñita, pero ella no estaba segura de que en realidad entendiera el evangelio entonces. Sus padres seguían diciéndole: "Lo único que recordamos es que oraste, y nosotros estábamos seguros de que fue cuando te entregaste a Cristo". Ellos pudieran haber estado seguros, pero ella no lo estaba. Ahora, comprendiendo que lo importante es el hecho no una fecha, ella dijo: "Ahora sé que soy salvo y sé por qué". Se pudo haber evitado su duda si no hubiera estado cargada por el énfasis equivocado y no bíblico en la fecha.

Conclusión

Si usted sabe la fecha en que fue salvo, se exalta al Salvador. Si no sabe la fecha exacta, pero sabe que confía solamente en Cristo, se exalta al Salvador. Lo importante es entender *Quién* nos salvó y *cómo* fuimos salvos. Recordar la fecha exacta de nuestra salvación no es lo importante.

Si confía en que solamente Cristo lo salva, usted es salvo. No tiene que saber la fecha exacta. Es el quién y el cómo de nuestra salvación lo que importa, no la fecha.

Idea falsa 2

"Si no les hablas a otros de mí, entonces no eres cristiano".

Tome su cuaderno de notas y un lápiz o una pluma. O su computadora. Haga una lista de lo que Dios ha hecho por usted, incluso lo que le ha dado. Haga una larga lista. Incluya las tangibles, desde luego, como alimentos, amigos y muebles; pero no olvide las intangibles, como el aire que respira. Ponga la lista a un lado durante algunos minutos y vuelva a ella. Recordará cosas que ha pasado por alto. Es en realidad *imposible* poner en una lista todo lo que un Dios amoroso le ha dado.

Ahora examine con cuidado esa lista. Nada que usted escribiera es más importante que la vida eterna. Mi lista incluye una esposa comprensiva. Su cariño me sostiene en los momentos difíciles. Mi lista también incluye a los amigos que Dios me ha dado. Pero el don de mi esposa y de mis amigos no puede compararse con su don de salvación. Lo que hace el don tan asombroso es que Jesucristo pagó el precio cuando murió en nuestro lugar en una cruz y declaró: "Consumado es" (Jn. 19:30). Al confiar en Cristo, somos aceptados para siempre por Dios, no en base de lo que hemos hecho para Él sino en base de lo que Él ha hecho por nosotros. Además, el don es eterno, y como mi esposa y mis amigos íntimos han confiado en Cristo, vamos a vivir juntos *para siempre*.

¿Cuál sería un mejor mensaje que uno alrededor de ese don? ¿Qué mayor privilegio que ser lo que Hechos 1:8 llama "testigos" de Cristo? ¿Pudiera el gran privilegio de dar ese mensaje ser una razón de que se considere el evangelismo más de lo que es en el Nuevo Testamento?

¿Por qué *no* hablar del evangelio? ¿Por qué perder una oportunidad? Sin embargo, algunos llevan esa oportunidad un paso más adelante al añadirle una advertencia: si no les habla a otros de Cristo, entonces no es cristiano. No están diciendo que deje de ser cristiano. Quieren decir que nunca *fue* cristiano, que solo *pensaba* que lo era. Ellos sostienen: "Si usted fuera cristiano, le hablaría a los demás de Cristo".

¿Cuáles son las dificultades en cuanto a esa declaración?

Se destacan cuatro dificultades. En primer lugar, ni un solo versículo hace tal afirmación. "Todo aquel que en él cree" es la única condición para recibir vida eterna. "Todo aquel que en él cree *y les hable a otros de mí*" no es una condición para recibir vida eterna. Uno de los versículos más conocidos de la Biblia, Juan 3:16, declara: "Porque de tal manera amó Dios al mundo, que ha dado a su Hijo unigénito, para que todo aquel que en él cree, no se pierda, mas tenga vida eterna". Ese versículo no dice: "Todo aquel que en él cree *y les hable de él a los demás*".

Una segunda dificultad es que, de las muchas conversiones registradas en el Nuevo Testamento, el hablarles a los demás de Cristo nunca se presenta como una condición de la salvación. Un notable relato es el de la mujer samaritana de Juan 4. Ella estaba convencida de que aquel con quien hablaba era el Mesías prometido. Ella "dejó su cántaro, y fue a la ciudad, y dijo a los hombres: 'Venid, ved a un hombre que me ha dicho todo cuanto he hecho. ¿No será éste el Cristo?'" (Jn. 4:28-29). Diez versículos más adelante leemos: "Y muchos de los samaritanos de aquella ciudad creyeron en él por la palabra de la mujer, que daba testimonio diciendo: Me dijo todo lo que he hecho" (v. 39). Su esfuerzo evangelístico fue el *resultado* de entender que Cristo era el Mesías prometido. No era una *condición* de su salvación. El versículo 10 del mismo capítulo estableció la condición para que Cristo la salvara. Cristo dijo: "Si conocieras el don de Dios, y quién es el que te dice: Dame de beber; tú le pedirías, y él te daría agua viva". Otros relatos de conversión dan el mismo mensaje. Hablarles a otros de Cristo nunca es una condición de la salvación; debe ser un

Idea falsa 2

resultado de la salvación cuando crecemos en su gracia. El sentido común nos dice la tercera dificultad. Si se añade cualquier condición a un don, entonces ya no es un don. Suponga que un amigo le dijera: "Quiero regalarte un apartamento en las montañas. Es tuyo para toda la vida, gratis, con todos los gastos pagados. No debes nada. Se han redactado los títulos y documentos que hacen oficial el traspaso de propiedad. ¿Recibirás este regalo?" Claro que usted se siente entusiasmado, le da gracias a su amigo por ser tan generoso, recibe el regalo, y se muda al apartamento. Usted refresca los pies en los manantiales de la montaña. Toma fotografía de los venados cuando andan por las praderas cercanas. Se acuesta boca arriba y observa los árboles que baten sus ramas. De noche toma chocolate caliente junto a la chimenea de su apartamento. Después de haber vivido allí un año, su amigo le pregunta: "¿Le has contado a alguien lo que hice por ti?" Usted responde: "Bueno... no. Supongo que debiera hacerlo, pero sí aprecio el regalo". El amigo entonces dice: "En tal caso, el apartamento de la montaña nunca fue tuyo". Un regalo es un regalo si no hay condición alguna.

Una cuarta dificultad es de importancia fundamental. Si para ser cristiano hay que hablarles a otros del Salvador, se nos deja con dos dilemas. Uno es que no serían posibles las conversiones en el lecho de muerte. Eso incluiría al ladrón en la cruz (Lc. 23:39-43). Si hay que evangelizar para ser cristiano, son esenciales el tiempo y la oportunidad. Eso no siempre es posible en una sala esterilizada de un hospital o a la orilla de la carretera mientras aterriza el helicóptero o llega la ambulancia a toda velocidad. Pero creo que habrá muchos en el cielo que, en el último momento de la vida, confiaron en Cristo. Su debilitada condición o su soledad pudiera no haberle dado la oportunidad de decir su nombre a otra persona. El segundo dilema es que necesitaríamos dos evangelios o dos medios de salvación. Un evangelio sería para la persona que tiene tiempo para hablarles a los demás, y otro sería para la persona que no tiene tiempo. No es bíblico que haya dos evangelios.

¿Debiera desear que otro tenga lo que usted tiene?

"Un momento", pudiera usted decir. "¿Cómo se puede ser un cristiano sincero sin evangelizar? Si en realidad uno es salvo, ¿no se 'extiende' eso a otra persona?"

Muchísimas cosas pueden impedirnos evangelizar, incluso el miedo al rechazo. Juan 12:42 es un buen ejemplo: "Con todo eso, aun de los gobernantes, muchos *creyeron en él*; pero a causa de los fariseos no lo confesaban, para no ser expulsados de la sinagoga" (cursivas añadidas). "Creyeron en él" es una típica expresión juanina para la fe salvadora. (En Juan 8:30 leemos: "Hablando él estas cosas, muchos creyeron en él".) Entonces esos gobernantes tenían fe genuina, pero no confesaban a Cristo. Juan, en el versículo 42, está comparando a los gobernantes creyentes con los mencionados en los versículos 37-41 que no creyeron. Los mencionados en el versículo 42 confiaron en Cristo, pero temían ser expulsados de la sinagoga, de modo que no lo confesaron públicamente.

Una mujer habló conmigo acerca de las cosas espirituales. Pronto estábamos hablando sobre el tema del evangelismo. Pensé: *Qué persona tan agradable. Es agradable con su apariencia, su tono y sus palabras. Pudiera ser eficiente en la evangelización.* Entonces ella dijo: "Lo que en realidad quiero preguntar es ¿por qué tengo tanto miedo de hablarles a otros de Cristo? ¿Y soy la única persona a la que le asusta eso?" No pude menos que reírme. Le dije lo normal que era ella. Cuando mencioné la palabra *rechazo*, ella interrumpió. "A eso es lo que temo. No me gusta el rechazo". El miedo al rechazo nos frena como frenaba a los creyentes neotestamentarios.

Entonces la frecuencia de nuestro testimonio no es lo importante en nuestra salvación. Lo importante es: ¿Quién es el objeto de nuestra fe? ¿Reconocemos que somos pecadores? ¿Creemos que Cristo murió como nuestro sustituto y resucitó? ¿Y estamos dispuestos a confiar en que solamente Cristo nos salva? De ser así, desearemos hablarles de Él a los demás. Sin embargo, la presencia o la falta de ese testimonio nunca es una condición de la salvación.

Idea falsa 2

¿Entonces cómo encaja aquí el evangelismo?

Hablarles a otros de Cristo no es un requisito para la salvación. Es un requisito para el discipulado.

Lo primero que Cristo enseñó a sus discípulos se encuentra en Mateo 4:19: "Venid en pos de mí, y os haré pescadores de hombres". Si querían seguirlo, tenían que pescar hombres. Su mensaje era: "Quiero personas que me sigan porque quiero personas que pesquen". Mientras los discípulos lo seguían, Él les enseñaba a pescar.

Ser cristiano y ser discípulo no son términos sinónimos. El ser cristiano implica el recibir su don. Cristo le dijo a la samaritana: "Si conocieras el don de Dios, y quién es el que te dice: Dame de beber; tú le pedirías, y él te daría agua viva" (Jn. 4:10). Apocalipsis 22:17 dice: "El que quiera, tome del agua de la vida gratuitamente". Entonces cuando una persona recibe a Cristo como su Salvador personal, Dios dice: "¿Serás ahora mi discípulo?" Discípulo significa "uno que aprende". Cristo advierte que seguirlo y aprender más de Él tiene un precio: "Si alguno viene a mí, y no aborrece a su padre, y madre, y mujer, e hijos, y hermanos, y hermanas, y aun también su propia vida, no puede ser mi discípulo. Y el que no lleva su cruz y viene en pos de mí, no puede ser mi discípulo" (Lc. 14:26–27).

El padrino de mi boda ahora es pastor en Indiana. Su amistad enriqueció mi ceremonia nupcial, y ha enriquecido mi vida desde entonces. Aprecio su constante crecimiento y andar con el Señor. Se interesa de veras por los perdidos. Si le pregunta por qué, responderá: "Porque eso es lo primero que Cristo enseñó a sus discípulos". Él que ama al Salvador, desea ser un discípulo y se interesa por los perdidos.

No es bíblico decir que no se pueda ser cristiano sin participar en el evangelismo. Es bíblico decir que no se puede ser discípulo sin de alguna manera participar en el evangelismo.

Conclusión

La Biblia no enseña que hablarles a otros de Cristo sea una condición para la salvación. La vida eterna es un don. Al recibir ese don, Dios nos invita a que seamos sus discípulos. Cuando lo seguimos y aprendemos más de Él, aprendemos que el evangelismo es parte del discipulado. Él quiere que lo primero que hay en su corazón sea también lo primero que hay en el nuestro, los perdidos.

Hablarles a los demás es uno de los primeros pasos del discipulado, no una condición para ser cristiano.

Idea falsa 3

"No debe andar en compañía de pecadores".

Este día frío y despejado de septiembre es perfecto para jugar golf, pensó Doug. Y al llegar al hoyo dieciocho en el campo de golf, Doug sabía que no hubiera podido jugar mejor. Nick sabía que no podía haber jugado peor. A Doug le sorprendió un poco que Nick no soltara entonces algunas palabrotas. ¿Cuántas veces, después de todo, había Nick oído a Doug soltar una sarta de ellas? El decirlas parecía algo muy natural para Doug.

Después de la última vuelta, Nick se acercó a Doug en el carrito de golf y lo felicitó con una fuerte palmada en la espalda. "Eres un profesional", dijo Nick, haciéndolo sentir feliz. Nick siguió hablando de su juego, y después de un momento de silencio, le dijo: "Quiero que sepas, Doug, que he observado que mencionas mucho a Cristo cuando las cosas no salen como quieres. Yo también me refiero a Él, pero habrás notado que de una manera diferente. Dime, ¿has pensado alguna vez en Él? ¿No solo como una palabra, sino como una persona?" Doug se quedó atónito, sin saber qué decir, tal vez incluso un poco avergonzado. Nadie había sido tan directo con él, y lo hizo pensar.

Cuatro semanas después, el Salvador de Nick llegó a ser el de Doug, y de inmediato llamó a su hermano, quien sabía que había estado orando por él durante mucho tiempo. Con el celo de un recién convertido, Doug le habló a su hermano acerca de Nick y de cómo tomó la decisión de confiar en Cristo. Su hermano estaba contentísimo. Continuaron la conversación, hablando del trabajo, de la familia y del deporte. En el transcurso de la conversación, Doug mencionó sus planes para el fin de semana, que incluían algunas actividades con sus viejos amigos, amigos inconversos. Después de todo, casi todos sus amigos eran inconversos. Doug quedó impresionado cuando su hermano dijo: "Ahora que eres cristiano, tienes que abandonar las viejas amistades. La Biblia dice que no se debe andar en compañía de pecadores. Es tiempo de buscar algunos nuevos amigos".

Muchos recién convertidos reciben ese consejo. Yo estaba en el aula haciendo lo que me gusta, entusiasmando a los estudiantes en cuanto al evangelismo. Hablé de algunas personas que conozco: mi barbero incrédulo, el inconverso con quien salgo a correr por las mañanas y un amigo que no conocía al Señor. Hablé con entusiasmo del tiempo que se pasa con los inconversos, contactos que a menudo llevan a la conversión.

Sentí sorpresa y alarma. El rostro de algunos estudiantes mostraba preocupación. Se miraron unos a otros como si se preguntaran si debían decir algo. Durante un receso, un estudiante me dijo por qué él y algunos de los otros se preguntaban. "Se nos ha dicho que, ahora que somos cristianos, debemos apartarnos de los incrédulos. Pero ¿cómo podemos evangelizar si no tenemos amigos inconversos?"

Quienes nos rodean influyen en nosotros. Las personas apropiadas alientan el crecimiento espiritual. Las no apropiadas impiden nuestro andar espiritual. Quienes están preocupados por los creyentes —sobre todo por los recién convertidos— afirman: "Ahora usted necesita un nuevo círculo de amigos. La Biblia enseña que no se debe andar en compañía de los incrédulos".

¿Cómo es esa una idea falsa? ¿No se emplea la Biblia para apoyar esa idea? Sí, pero examinemos los dos versículos que se emplean la mayoría de las veces para ver lo que en realidad dicen.

¿Dónde se origina tal idea?

1 Corintios 5:9

En 1 Corintios 5:9 se nos dice: "Os he escrito por carta, que no os

Idea falsa 3

juntéis con los fornicarios". Pudiera parecer que ese versículo desalienta el contacto con los inconversos, sobre todo si son "fornicarios". Pero lea un versículo más adelante donde Pablo definió quiénes eran los "fornicarios". Él continuó: "No absolutamente con los fornicarios de este mundo, o con los avaros, o con los ladrones, o con los idólatras; pues en tal caso os sería necesario salir del mundo. Más bien os escribí que no os juntéis con ninguno que, llamándose *hermano*, fuere fornicario, o avaro, o idólatra, o maldiciente, o borracho, o ladrón; con el tal ni aun comáis" (cursivas añadidas).

Pablo estaba refiriéndose a *creyentes* que eran fornicarios, no a incrédulos. Él dijo: "No absolutamente con los fornicarios de este mundo". Es fácil seguir su razonamiento. Los creyentes debían disciplinar a los de dentro de la iglesia y dejar que Dios disciplinara a los de afuera. Él explica: "Porque ¿qué razón tendría yo para juzgar a los que están fuera? ¿No juzgáis vosotros a los que están dentro? Porque a los que están fuera, Dios juzgará. Quitad, pues, a ese perverso de entre vosotros" (1 Co. 5:12-13).

La exhortación de Pablo es similar a la que empleó en 2 Tesalonicenses 3:14-15: "Si alguno no obedece a lo que decimos por medio de esta carta, a ése señaladlo, y no os juntéis con él, para que se avergüence. Mas no lo tengáis por enemigo, sino amonestadle como a hermano".

Pablo no estaba advirtiendo contra el pasar tiempo con los incrédulos, sino el pasar tiempo con los creyentes desobedientes. Decir que 1 Corintios 5:9 nos advierte que no andemos en compañía de los inconversos es un abuso del pasaje.

Santiago 4:4

En Santiago 4:4 leemos: "¡Oh almas adúlteras! ¿No sabéis que la amistad del mundo es enemistad contra Dios? Cualquiera, pues, que quiera ser amigo del mundo, se constituye enemigo de Dios". Al leer ese versículo, por lo general se llega a la conclusión de que tener amistad con inconversos es ser amigo del mundo.

Santiago escribió a los creyentes que pasan por pruebas severas.

A veces, cuando pasamos por pruebas, tratamos peor a quienes conocemos mejor. Como resultado, surgen conflictos entre los creyentes y sus hermanos y hermanas en la familia de Dios. Santiago comenzó esa sección preguntando: "¿De dónde vienen las guerras y los pleitos entre vosotros?" (v. 1).

Una fuente de conflicto, explicó Santiago, son las asociaciones equivocadas. Los creyentes de quienes escribió estaban viviendo más cerca del mundo que de Cristo. Por "adúlteros" no estaba refiriéndose a quienes cometían adulterio literal, sino a quienes cuya vida no era siempre como la de Cristo. Recuerde que Santiago estaba escribiendo una epístola general a cristianos que buscaban al mundo en vez de buscar a Cristo. Actuaban como el mundo actuaba. Pensaban como el mundo pensaba. Hacían lo que el mundo hacía. Al hacerlo así, estaban peleando con Dios. Santiago declaró: "Cualquiera, pues, que quiera ser amigo del mundo se constituye enemigo de Dios" (v. 4).

Santiago no estaba prohibiendo la amistad con los inconversos. Estaba prohibiendo que los creyentes piensen, actúen y hablen como el mundo. Debían estar en el mundo pero no ser del mundo. Aunque residentes del mundo, tenían que vivir como ciudadanos del cielo. Un barco está seguro en el mar mientras el mar no esté en el barco. De igual manera, un cristiano está seguro en el mundo mientras el mundo no esté en el cristiano. Santiago está diciendo a los creyentes que tienen que pensar como Cristo piensa, no como piensa el mundo.

Cuando pasamos tiempo con los inconversos, no debemos actuar ni pensar como ellos. Debemos influir en los inconversos, no dejar que ellos influyan en nosotros. Sin embargo, de ninguna manera estaba Santiago prohibiendo la amistad con los inconversos.

No podemos hacer evangelismo personal sin contacto personal.

Cuando Cristo llamó a sus discípulos, los exhortó: "Venid en pos de mí, y os haré pescadores de hombres" (Mt. 4:19). Pescar hombres requiere hacer contacto con los hombres. Hacer contacto con los hombres requiere conversar con los hombres. Esas conversaciones

Idea falsa 3

pueden tener lugar en el hogar o en el centro laboral, a través de la red de una cancha de tenis, o en la parte de atrás de una bolera. Pudieran tomar una hora o cinco horas. Pueden llevar a una invitación a cenar o a una invitación a jugar golf. En medio de esos contactos y conversaciones, se predica el evangelio y las personas ven su necesidad de Cristo.

A un amigo mío cristiano le gusta jugar tenis. Eso es normal. Lo que es anormal es con quién le gusta jugar. Cuando tira la pelota a través de la red, prefiere a un contrincante inconverso. Si un incrédulo se hace creyente, busca a un nuevo contrincante en el tenis. ¿Por qué? Él usa la cancha de tenis a fin ganar a las personas para Cristo porque ve la cancha de tenis como su cancha de la amistad. Esas amistades le han permitido influir en los inconversos. El tenis en la cancha lleva a conversar fuera de la cancha. La conversación lleva a Cristo.

El evangelismo personal necesita el contacto personal. Si Jesucristo se hubiera opuesto a que tengamos relaciones con los inconversos, ¿por qué nos habría mandado a evangelizar?

Para ser como Cristo, debemos pasar tiempo con los inconversos.

La gente estaba molesta con Jesucristo, pero no por lo que les decía a los pecadores. Lo que les molestaba era que *pasara tiempo* con los pecadores. En Lucas 15:1-2 se nos dice: "Se acercaban a Jesús todos los publicanos y pecadores para oírle, y los fariseos y los escribas murmuraban, diciendo: Este a los pecadores recibe, y con ellos come".

A los publicanos (recaudadores de impuestos) se les despreciaba por su ocupación. La ley les permitía que gravaran en exceso con impuestos a las personas y se quedaran con el resto. Estaban de acuerdo con la filosofía de que "lo que es mío es mío y lo que es suyo es mío". A los pecadores se les despreciaba por su estilo de vida. Para ellos, rara vez había normas; la inmoralidad, el engaño y el robo eran la norma.

¿Por qué Cristo pasó tiempo con esa muchedumbre despreciable? Su explicación fue: "Os digo que así habrá más gozo en el cielo por un pecador que se arrepiente, que por noventa y nueve justos que no necesitan de arrepentimiento" (Lc. 15:7). Jesús no estaba comparando al pecador arrepentido con un santo inmaculado. Ni estaba dando a entender que la conducta vergonzosa del pecador sea más aceptable que la conducta de los fariseos hipócritas, que trataban de obedecer a Dios. La conducta recta, aunque sea por la razón equivocada, es mejor que la conducta perversa. Pero un pecador que reconoce su necesidad de la misericordia de Dios es más agradable a Dios que una persona religiosa orgullosa.

Cuando pasamos tiempo con los inconversos, andamos en los pasos de Cristo. Hacemos de su ejemplo nuestro ejemplo y de su práctica nuestra práctica. Para ser como Cristo, tenemos que pasar tiempo con los inconversos.

¿Qué habría ocurrido si los cristianos nos hubieran evitado cuando éramos inconversos?

Piense en cómo usted fue a Cristo. Lo más probable es que un cristiano invirtiera tiempo en usted, y finalmente le hablara del evangelio. ¿Habría estado interesado en lo que dijo esa persona si no hubiera sabido que esa persona se interesaba en usted? El interés lleva a la conversación, y la conversación lleva a Cristo. Suponga que esa persona haya estado de acuerdo con: "No pase tiempo con los inconversos". Eso habría impedido la relación que Dios usó para llevarlo a usted a Él.

En Lucas 6:31, Jesús dijo: "Y como queréis que hagan los hombres con vosotros, así también haced vosotros con ellos". Una debida aplicación sería: "Si está contento de que la gente pasara tiempo con usted cuando era inconverso, haga lo mismo con los demás". Como la amistad con los cristianos nos llevó a Cristo, nuestra amistad con los perdidos pueden llevarlos al Salvador.

Idea falsa 3

¿Cuán profunda es la vida espiritual de uno si va cuesta abajo con los inconversos?

El término que más empleó Pablo para describir la vida espiritual es *andar*. En Romanos 6:4, por ejemplo, Pablo escribe: "Porque somos sepultados juntamente con él para muerte por el bautismo, a fin de que como Cristo resucitó de los muertos por la gloria del Padre, así también nosotros *andemos* en vida nueva". En Gálatas 5:16 Pablo dice: "*Andad* en el Espíritu, y no satisfagáis los deseos de la carne" (cursivas añadidas). La muerte de nuestra vida espiritual no debiera estar determinada por las circunstancias en que andamos. Pero ese andar ha de estar centrado en Él para que el Cristo con quien andamos capacite nuestra vida. Al andar con Cristo, marcamos las pautas para que otros las sigan. No seguimos las de ellos. Por eso Pablo podía decir en 1 Corintios 11:1: "Sed imitadores de mí, así como yo de Cristo".

¿Por qué el andar con Cristo mejora mi desarrollo espiritual sin que importe la situación en que me encuentre? Cristo nunca cambia, aunque cambien las circunstancias. Con Cristo, puedo vivir al más alto nivel aun en las circunstancias más deprimentes. Si nuestra vida espiritual se desliza cuando estamos alrededor de los inconversos, entonces somos dirigidos por otros y no por Cristo.

¿Qué es en realidad lo importante?

En las Escrituras, la palabra *comunión* se emplea para una relación entre creyentes. El apóstol Juan escribió: "Lo que hemos visto y oído, eso os anunciamos, para que también vosotros tengáis comunión con nosotros; y nuestra comunión verdaderamente es con el Padre, y con su Hijo Jesucristo" (1 Jn. 1:3). Esa íntima comunión es tan importante que se nos advierte que no la abandonemos. El escritor de Hebreos exhorta: "Y considerémonos unos a otros para estimularnos al amor y a las buenas obras; no dejando de congregarnos, como algunos tienen por costumbre, sino exhortándonos; y tanto más, cuanto veis que aquel día se acerca" (He. 10:24-25).

Sin embargo, el propio ejemplo de Cristo muestra que se estimula el contacto en nuestras relaciones con los perdidos. ¿Por qué Cristo comió en el hogar de Zaqueo? Él lo explicó: "Porque el Hijo del Hombre vino a buscar y a salvar lo que se había perdido" (Lc. 19:10). Mediante ese contacto, se establece una relación en la que se predica el evangelio y las personas van al Salvador.

El punto de vista bíblico sería este: Tenga *comunión* con los creyentes; tenga *contacto* con los incrédulos. Tenemos íntima comunión con los creyentes cuando nos alentamos unos a otros. Oramos juntos, participamos juntos de la Cena del Señor, adoramos y estudiamos juntos la Biblia. Aunque manteniendo estrecho contacto con los salvos, tenemos contacto con quienes no son salvos. ¿Será estrecho también ese contacto? A veces. Pero no podemos tener un contacto tan estrecho con los inconversos como lo tenemos con los creyentes que tienen nuestra misma nueva naturaleza y conocen al mismo Salvador. Por eso 2 Corintios 6:14 advierte: "No os unáis en yugo desigual con los incrédulos; porque ¿qué compañerismo tiene la justicia con la injusticia? ¿Y qué comunión la luz con las tinieblas?" Como los creyentes y los incrédulos no tienen en común un Salvador, no pueden tener la íntima comunión que hay entre creyentes.

Mediante la comunión con los cristianos y el contacto con los inconversos, honramos nuestras responsabilidades dentro del cuerpo de Cristo. También mantenemos la debida relación con quienes aún no son parte de su familia. En nuestras relaciones con cristianos e inconversos, obedecemos las palabras y el ejemplo de Cristo.

Conclusión

La Biblia no prohíbe que se ande en compañía de los pecadores. Primera a los Corintios 5:9 nos exhorta a que nos apartemos de los creyentes inmorales, no de los inconversos inmorales. Santiago 4:4, al analizar la amistad con el mundo como enemistad con Dios, no prohíbe el contacto con los inconversos, sino que Santiago nos advierte que influyamos en el mundo y no dejemos que el mundo influya en nosotros. Debemos ser amigos de los pecadores si hemos de guiarlos a Cristo.

Idea falsa 3

La Biblia no prohíbe que se ande en compañía de los pecadores. Más bien estimula eso. El evangelismo personal necesita el contacto personal.

Idea falsa 4

"Si quiere ser salvo, solo invite a Cristo a que entre en su corazón".

Una mujer en busca de un divorcio se presentó ante el juez. Este le preguntó: "¿Cuáles son las causales del divorcio?" Ella respondió: "Mi esposo y yo tenemos un acre y medio de terreno. Quisiera el divorcio para hacer frente a los costos". El juez dijo: "No, usted no entiende. Quiero decir que si tienen algunas rencillas". Ella dijo: "Sí, tenemos un garaje para dos automóviles. Él estaciona el suyo a la derecha, y yo estaciono el mío a la izquierda". El juez preguntó: "No, lo que quiero decir es que si la golpea". La mujer respondió: "No, estoy levantada al menos una hora antes que él todas las mañanas. Ni una sola vez me ha tenido que despertar él". El juez desesperado exclamó: "¡No entiendo! ¿Por qué quiere divorciarse?" Ella dijo: "Yo tampoco entiendo. Él dice que no puedo comunicarme".

Es importante la selección de palabras para la comunicación. Los creyentes bienintencionados quieren transmitir la necesidad de ir a Cristo y ser salvos. Para hacer eso, sobre todo con los niños, piden a los inconversos que "inviten a Cristo a entrar en su corazón".

Sin embargo, hay un problema. Esa frase no se encuentra en la Biblia. Solamente pudiera considerarse un versículo para respaldar esa terminología. Examinémoslo en el contexto.

Idea falsa 4

¿Dónde se origina esa frase?

Apocalipsis 3:20 dice: "He aquí, yo estoy a la puerta y llamo; si alguno oye mi voz y abre la puerta, entraré a él, y cenaré con él, y él conmigo". Con esa frase en mente —"estoy a la puerta y llamo"— muchos describen el corazón como si tuviera una puerta. Cuando Cristo toca en esa puerta, nos pide que le dejemos entrar. De modo que se exhorta a los perdidos a que "inviten a Cristo a que entre en su corazón". El problema es que ese versículo está dirigido a los cristianos, no a los inconversos.

Considere el contexto. El versículo anterior dice: "Yo reprendo y castigo a todos los que amo". Aquí *castigo* es sinónimo de *disciplina* y significa preparar a un niño, y se emplea a lo largo del Nuevo Testamento para referirse a los creyentes, no a los incrédulos. Por ejemplo, la misma palabra para *disciplina* se emplea en Hebreos 12:5-6: "Y habéis ya olvidado la exhortación que como a hijos se os dirige, diciendo: Hijo mío, no menosprecies la disciplina del Señor, ni desmayes cuando eres reprendido por él; porque el Señor al que ama, disciplina, y azota a todo el que recibe por hijo". Apocalipsis 3:20 también se dirige a los cristianos respecto a su comunión con el Señor; no se dirige a los inconversos respecto a su salvación.

Para ser específicos, este pasaje trata acerca de la iglesia de Laodicea, una de las siete iglesias de Asia mencionadas en Apocalipsis 2 y 3. La ciudad fue fundada por Antíoco II, y se le puso el nombre de su esposa, Laodice. Con un negocio lucrativo resultado de la producción de ropa de lana, Laodicea se hizo rica. Tan rica que, cuando fue destruida por un terremoto en 60 d.C., pudo reconstruirse sin ayuda exterior. Esa suficiencia económica llevó a la iglesia a un sueño espiritual.

Jesucristo describe esa desagradable condición como "tibia", ni fría ni caliente hacia los asuntos espirituales. Para esa iglesia, así como para todas las iglesias mencionadas en Apocalipsis, Cristo hace la invitación de Apocalipsis 3:20. Se le representa para las iglesias y para el pueblo que hay adentro como que está a la puerta esperando una invitación para entrar. Él quiere que se arrepientan de su condición y hagan de Él el centro de su adoración y de su amor.

Son dignas de notar otras cosas. En Apocalipsis 3:20, la traducción griega de *en* para querer decir "a". En lenguaje metafórico, Jesucristo está diciendo a los cristianos que Él entrará en la iglesia y vendrá al creyente para tener comunión con él. En segundo lugar, el verbo *cenaré* se refiere a la comida principal del día, a la que se le invita a usted como un huésped honorable. No sería emparedados de mantequilla de maní con pan comidos apresuradamente en el mostrador de la cocina. Lo más probable es que fuera carne asada con zanahorias, papas y salsa. Fue la comida ofrecida después de la recepción y la conversación. Si usted nos dijera a mi esposa y a mí: "Venga a cenar con nosotros" y empleara esas palabras, habríamos sabido dos cosas: quiere decir la comida de la noche, y usted quiere compañerismo alrededor de la mesa. Entonces la oferta de Jesucristo era de íntima comunión.

Apocalipsis 3:20 se dirige a los cristianos, invitándoles a que abran "la puerta" y permitan que Cristo entre en íntima comunión con ellos. Se dirige a los cristianos respecto a su comunión con Cristo, no a los inconversos respecto a su salvación.

¿Qué término o frase emplea la Biblia para indicar "salvación"?

Al evangelizar a los perdidos, emplee el lenguaje que emplea la Biblia. El Evangelio según San Juan explica cómo recibir el don de vida eterna. En realidad, Juan identifica el propósito de su libro: "Pero éstas se han escrito para que creáis que Jesús es el Cristo, el Hijo de Dios, y para que creyendo, tengáis vida en su nombre" (20:31).

¿Cómo se recibe esa vida eterna? El verbo que Juan emplea noventa y ocho veces es *creer*. Antes de resucitar al hermano de Marta, Lázaro, del sepulcro, Cristo le explicó a ella: "Yo soy la resurrección y la vida; el que cree en mí, aunque esté muerto, vivirá. Y todo aquel que vive y cree en mí, no morirá eternamente" (Jn. 11:25-26). *Creer* significa "entender que Jesucristo murió y resucitó por mí, que recibo vida eterna al confiar solamente en Él como mi único camino al cielo".

Una mujer que asistía a una iglesia liberal le preguntó una vez a su pastor: "Si veo una película de John Wayne, ¿es más probable que

Idea falsa 4

Dios me deje entrar en el cielo." Ella sinceramente pensaba que John Wayne era un buen amigo de Jesucristo y que ver una de sus películas aumentaría su posibilidad de entrar en el cielo. Pudiéramos reírnos de su lógica, pero estamos igualmente equivocados si pensamos que la asistencia a la iglesia, el bautismo, el guardar los mandamientos, el participar de los sacramentos o el vivir con rectitud puede llevarnos al cielo. Dios nos pide que confiemos en una *persona* —Jesucristo— como nuestro único medio de salvación.

¿Emplea la Biblia otros términos para transmitir la idea de apropiación? Considere lo siguiente:

- A Nicodemo se le dijo que levantara la mirada y viviera (Jn. 3:14-15).
- A la samaritana se le dijo que pidiera (Jn. 4:10).
- A los judíos se les dijo que fueran a Cristo (Jn. 5:40).
- A las multitudes se les dijo que creyeran en Cristo (Jn. 6:47).
- También se les dijo que comieran su carne y bebieran su sangre (Jn. 6:53-54). Observe: Esto es en el contexto de Cristo como que es "el pan de vida" (cp. Jn. 6:35).
- A los fariseos se les dijo que guardaran su palabra (Jn. 8:51).
- A otros se les dijo que miraran a Cristo como una puerta y entraran por ella (Jn. 10:9).

Cada versículo abarca la idea de apropiación. El pensamiento transmitido es: "Reconociendo que solamente Cristo es mi único camino hacia la vida eterna, acepto su palabra y confío en que Él me salve".

El Evangelio según San Juan nunca lo exhorta a uno a que "invite a Cristo a que entre en su corazón". La frase no se emplea en las Escrituras en cuanto a evangelizar a los perdidos.

¿Cuál es el peligro de decir "invite a Cristo a que entre en su corazón"?

Cuando alguien emplea la frase "invite a Cristo a que entre en su corazón", la idea que a menudo se transmite es "Diga una oración que 'invite a Cristo a que entre en su corazón' y usted es salvo". Una persona pone su confianza en una oración que se dijo y no en el Salvador que murió en una cruz.

Mientras hablaba en una comunidad, una pareja me invitó a comer. Mientras ella ponía la mesa y sacaba el pan del horno, la mujer dijo: "Tuve un día muy emocionante. Dos niños llamaron y preguntaron: '¿Qué hay que hacer para ir al cielo?' Les dije: 'Solo inclinen la cabeza ahora mismo e invitemos a Cristo a que entre en su corazón.'" Cuando le pregunté, comprendí que ella nunca mencionaba la muerte y la resurrección de Cristo. La idea que se transmitía era que una persona recibía la vida eterna al decir una oración.

Durante una campaña evangelística en Michigan, dije: "Me gustaría hablar con alguien que no esté seguro de que, si muere, iría al cielo". Se me acercó un hombre que había predicado apasionadamente en misiones por toda la ciudad. Le pregunté: "¿Por qué respondió usted?" Él dijo: "Quiero dedicar mi vida a Cristo". Pero parecía titubear. Así que le dije: "Antes que hablemos de eso, permítame preguntarle algo. ¿Sabe usted sin duda alguna que, si muriera en este momento, iría al cielo?" El joven alto y delgado respondió: "¡Claro que sí!". Sentí incertidumbre. Al llegar a este punto, si me hubiera echado atrás, es probable que él también lo habría hecho. Pero continué: "Si le preguntara '¿Cómo llegó a ser cristiano?', ¿qué diría usted?" Explicó que, cuando era niño, inclinó la cabeza e invitó a Cristo a entrar en su corazón. Le pregunté: "Basándonos en el mensaje de esta noche, si yo le preguntara '¿Qué debo hacer para ir al cielo?', ¿qué me respondería usted?" Él respondió: "Le diría que tiene que comprender que es pecador, que Jesucristo murió por usted y resucitó, y que confiar solamente en Cristo es el único camino al cielo". Dije: "¿Por qué es que usted tuvo que invitar a Cristo a entrar en su corazón, pero *yo* tengo que *confiar* en Él?" Él perdió el control y dijo: "Con toda franqueza, nunca he entendido esto antes. Yo pensaba que, si uno decía una oración invitando a Cristo a entrar en el corazón, Dios lo dejaría entrar en el cielo porque uno dijo eso. No me imaginaba que había que confiar solamente en Cristo como el único camino al cielo".

La frase "invite a Cristo a que entre en su corazón" a menudo

Idea falsa 4

transmite la idea de que uno es salvo al decir una oración y no al confiar en Cristo. No es bíblica esa idea. Tampoco es lógica. Una mujer me contó cómo Dios le enseñó el peligro de esa frase. Ella invitó a un niño a que "pidiera a Cristo que entrara en su corazón". Él dijo: "No sería nada bueno". "¿Por qué?" preguntó ella: "Mami dice que hay un hueco en mi corazón. Si lo invito a entrar, Él caerá en el hueco".

¿No se ha salvado alguien cuando se ha empleado la frase "invite a Cristo a que entre en su corazón"? No hay duda alguna que muchos han dicho esa oración, comprendiendo que estaban confiando en que solamente Cristo los salva. Comprendieron que fueron salvos por confiar en Cristo, no por decir una oración. Sin embargo, muchos han "invitado a Cristo a entrar en su corazón", sin entender que lo importante es confiar en que solamente Cristo los salva.

¿Qué invitación debemos hacer a los inconversos?

Dios quiere que proclamemos con claridad el evangelio. Él anhela que todos entiendan el anuncio de su Hijo: "Consumado es" (Jn. 19:30). Debemos pedirle a las personas que hagan lo que el Nuevo Testamento dice que hagan: "Creer". Podemos entonces explicar que *creer* significa ir a Dios como pecadores, reconocer que Cristo murió por nosotros y resucitó, y confiar en que solamente Cristo nos salva. La mejor palabra para transmitir lo que la Biblia quiere decir con *creer* es el verbo *confiar*. Confiar en Cristo no es aceptar intelectualmente que una persona llamada Jesucristo murió en una cruz y resucitó. Es reconocer que solamente Él es mi único camino al cielo. Confiar en Cristo es el medio por el cual nos apropiamos de su don de vida eterna.

Explique a los inconversos que todos somos pecadores. El castigo por ese pecado es la muerte y la eterna separación de Dios. Jesucristo satisfizo la ira de Dios contra nuestro pecado al tomar el castigo que merecemos y resucitar del sepulcro al tercer día. Entonces debemos invitar a los perdidos a que confíen solamente en Cristo. Al confiar en Cristo, están tan seguros del cielo como si ya estuvieran allí.

Conclusión

Es importante la selección de palabras al comunicarse con claridad. El plan de salvación es demasiado importante para transmitirse de otro modo. La frase "invite a Cristo a que entre en su corazón" no se emplea en las Escrituras para invitar a los perdidos a ser salvos. Como no se emplea en las Escrituras y como lleva a las personas a pensar que uno es salvo con decir una oración, no debe emplearse en la evangelización. El único versículo que insinúa la idea de "invite a Cristo a que entre en su corazón" se refiere a los cristiano en cuanto a la comunión. Debemos hacer lo que la Biblia nos exhorta a hacer. Debemos invitar a los perdidos a que confíen solamente en Cristo para su salvación.

La frase "invite a Cristo a que entre en su corazón" no se emplea en las Escrituras. La Biblia nos pide que creamos, que nos apropiemos de la obra consumada de Cristo en la cruz al confiar en que solamente Él nos salva.

Idea falsa 5

"Cuando pierde la oportunidad de hablarle a alguien de Cristo, la culpa es suya si esa persona va al infierno".

Yo sabía que ella podía hacerlo. Otros me lo dijeron. Las mujeres como ella tienen que hablarles a las mujeres inconversas. Sus frecuentes viajes misioneros cortos le habían dado oportunidades.

Pero algo la perturbaba. A través de un velo de lágrimas, me dijo lo que era. Cuanto más ella hablaba, tanto más uno sentía enojo, frustración y compasión. Una idea falsa le había causado sufrimiento innecesario. Usando la Biblia, le di libertad. Entonces le pedí que escribiera acerca de la idea falsa a fin de que yo pudiera usarla para ayudar a otros. He aquí lo que ella dijo:

"Debido a como fui criada, me siento orientada hacia la culpa en lo que al evangelismo se refiere. Me siento muy mal en cuanto a eso ¡a pesar de todo! Si le hablo a alguien de Cristo, me preocupa que no lo haya hecho lo suficientemente bien. Si no aprovecho una oportunidad de hablar de Cristo, me siento condenada. Cuando yo era recién convertida en la universidad, un predicador dijo: 'Si no le habla a alguien de Cristo, su sangre se demanda de sus manos'. Para algunos eso pudiera ser motivador, pero para mí era solo más culpa y condenación".

Se transmite a menudo esa idea: "Cuando pierde la oportunidad de hablarle a alguien de Cristo, la culpa es suya si esa persona va al infierno". La terminología empleada es: "Su sangre se demanda de sus manos". La observación de ella era precisa: para algunos esa frase pudiera ser motivadora, pero por lo general infunde culpa. Esa culpa está acompañada de presión, miedo y vergüenza. ¿Qué pudiera ser peor que pensar que una persona a quien usted no le dio testimonio está ahora en el infierno, y que la culpa es suya, que su sangre se demanda de sus manos?

Me sentí petrificado y asqueado al leer una carta de mi familia en Pensilvania. Mi amigo Ray había sido asesinado. Ray había llegado una noche a cobrar el alquiler en el complejo de apartamentos que tenía. Los dos hombres que respondieron cuando tocó en la puerta le pidieron que entrara. Dominándolo, lo apuñalaron más de doce veces, derramando sangre sobre la alfombra y salpicando las paredes empapeladas. Después de meter el cuerpo en una bolsa plástica negra de basura, lo lanzaron a la orilla de un camino rural. ¿Su sentencia de cárcel? Diecisiete años, con buena conducta. ¿Su verdadera sentencia? Si su conciencia los perturba, es vivir el resto de su vida sabiendo que una mujer estaba viuda, una familia sin padre, y los amigos atónitos. Nunca podrían borrar la noche, el puñal, los gritos de súplicas de un hombre moribundo.

Sin embargo, si la idea falsa mencionada es cierta, hay un horror más grande que saber que se ha causado la muerte de alguien. Es el horror de saber que usted es culpable del tormento eterno de alguien en el infierno.

Imagínese a su amigo en el infierno, aislado, quemándose, sediento en un espacio oscuro, vacío y lleno de azufre. Anhela un toque, clama por alivio, ansía un sorbo de agua. Quiere morir pero no puede. Busca un rostro, un sonido, cualquier cosa. Él recuerda cada oportunidad perdida, cada relación, cada rechazo. Un grito atraviesa el aire y descubre que es el suyo. Él está en el infierno. Y si esa idea falsa es correcta, la culpa es suya porque no le habló de Cristo.

Idea falsa 5

¿Qué pasaje bíblico se emplea para apoyar esa idea falsa?

Ezequiel 3:18-19 se toma a menudo fuera de contexto: "Cuando yo dijere al impío: De cierto morirás; y tú no le amonestares ni le hablares, para que el impío sea apercibido de su mal camino a fin de que viva, el impío morirá por su maldad, pero su sangre demandaré de tu mano. Pero si tú amonestares al impío, y él no se convirtiere de su impiedad y de su mal camino, él morirá por su maldad, pero tú habrás librado tu alma".

Dios designó a Ezequiel como atalaya. Dos versículos antes leemos: "Y aconteció que al cabo de siete días vino a mí palabra de Jehová diciendo: Hijo de hombre, yo te he puesto por atalaya a la casa de Israel; oirás, pues, tú la palabra de mi boca, y los amonestarás de mi parte" (vv. 16-17). Un atalaya alertaba a la ciudad del peligro venidero. Se ponía en el muro de la ciudad, en una colina o en una torre, vigilante ante cualquier amenaza. Si él fallaba, podía perderse la ciudad. La tarea de Ezequiel era la de advertir del peligro inminente. La nación estaba condenada. Solo escuchando a su atalaya podían sobrevivir. Los capítulos 4-24 de Ezequiel tienen su grito de alarma, que daban a quienes estaban fuera de los muros una oportunidad de buscar protección. También daban al pueblo tiempo para asegurar las puertas y preparar hombres para la defensa.

La muerte de la que se habla en Ezequiel 3:18-19 es física, no espiritual. El contexto es la destrucción babilónica de Jerusalén que Ezequiel predijo. El impío que se negara a prestar atención a la advertencia de Dios podía esperar la muerte física.

Al examinar los versículos en el contexto, Ezequiel debía advertir a los justos, no solo a los impíos. Los versículos 20-21 nos dicen:

> Si el justo se apartare de su justicia e hiciere maldad, y pusiere yo tropiezo delante de él, él morirá, porque tú no le amonestaste; en su pecado morirá, y sus justicias que había hecho no vendrán en memoria; pero su sangre demandaré de tu mano. Pero si al justo amonestares para que no peque,

y no pecare, de cierto vivirá, porque fue amonestado; y tú habrás librado tu alma.

Cuando se acercaran los ejércitos de Nabucodonosor, el justo que se apartara de la senda de justicia también estaba en peligro. Eso no quería decir que la persona perdiera la salvación eterna. Además, la muerte a la que aquí se refiere es muerte física. El juicio de Dios estaba a punto de caer sobre Jerusalén. Quienes quebrantaban sus mandamientos podían esperar las consecuencias físicas del pecado.

Las advertencias de Ezequiel no fueron principios generales, sino revelaciones específicas. Dios lo enmudeció hasta que le diera el mensaje específico, y podía hablar solo cuando Dios se lo dijera. Cuando dejó de estar mudo, pronunció las profecías. Ezequiel 3:26-27 nos dice:

> Y haré que se pegue tu lengua a tu paladar, y estarás mudo, y no serás a ellos varón que reprende; porque son casa rebelde. Mas cuando yo te hubiere hablado, abriré tu boca, y les dirás: Así ha dicho Jehová el Señor: El que oye, oiga; y el que no quiera oír, no oiga; porque casa rebelde son.

Ezequiel estuvo mudo hasta la caída de Jerusalén. En aquel momento fueron confirmadas las profecías que había pronunciado. Se nos dice en Ezequiel 33:21-22:

> Aconteció en el año duodécimo de nuestro cautiverio, en el mes décimo, a los cinco días del mes, que vino a mí un fugitivo de Jerusalén, diciendo: La ciudad ha sido conquistada. Y la mano de Jehová había sido sobre mí la tarde antes de llegar el fugitivo, y había abierto mi boca, hasta que vino a mí por la mañana; y abrió mi boca, y ya no más estuve callado.

¿Qué habría ocurrido si Ezequiel se hubiera negado a dar el mensaje de Dios a las personas que iban a su casa? Sería culpable de asesinato. Ese es el significado de "su sangre demandaré de tu mano"; Dios

Idea falsa 5

haría responsable a Ezequiel. Sería tan culpable de su muerte como si los hubiera matado. La sangre no tenía nada que ver con la muerte espiritual, sino con la muerte física. ¿Qué pasaba si Ezequiel cumplía su responsabilidad de advertirles, aunque no hicieran caso a su advertencia? Él se salvaría. Aquí el verbo *salvarse* significa librarse y no se refiere a la salvación eterna. Al hacer una advertencia, Ezequiel se libró de la responsabilidad del juicio venidero. Quienes no hicieran caso a su advertencia solo podían culparse a sí mismos.

¿Cuál es el problema cuando aplicamos "su sangre demandaré de tu mano" al evangelismo?

Como puede ver, Ezequiel 3:18-19 no se aplica al evangelismo. El creyente neotestamentario no es un "atalaya" sobre el mundo. Los atalayas de hoy son el Espíritu Santo y la Palabra de Dios.

En Juan 16, Cristo dijo del Espíritu Santo:

> Os conviene que yo me vaya; porque si no me fuera, el Consolador no vendría a vosotros; mas si me fuere, os lo enviaré. Y cuando él venga, convencerá al mundo de pecado, de justicia y de juicio. De pecado, por cuanto no creen en mí; de justicia, por cuanto voy al Padre, y no me veréis más; y de juicio, por cuanto el príncipe de este mundo ha sido ya juzgado. (Jn. 16:7-11)

En cuanto a las Escrituras, 2 Timoteo 3:16-17 nos dice: "Toda la Escritura es inspirada por Dios, y útil para enseñar, para redargüir, para corregir, para instruir en justicia, a fin de que el hombre de Dios sea perfecto, enteramente preparado para toda buena obra".

La muerte de la que hablamos a los perdidos no es simple muerte física; es muerte espiritual, la eterna separación de Dios. Hebreos 9:27 advierte de la muerte eterna que hay después de la muerte física para el inconverso: "Y de la manera que está establecido para los hombres que mueran una sola vez, y después de esto el juicio".

Cualquier advertencia acerca de su juicio se deriva de la Palabra, no de revelaciones específicas.

El no evangelizar pudiera significar pérdida de recompensa cuando veamos al Salvador, pero no que Dios nos culpe de asesinato.

¿Por qué no es nuestra culpa si alguien va al infierno?

Dios está en absoluto control, no en control parcial. Él es soberano, y esa soberanía se extiende a la salvación. Pablo escribió: "Porque a los que antes conoció, también los predestinó para que fuesen hechos conformes a la imagen de su Hijo, para que él sea el primogénito entre muchos hermanos. Y a los que predestinó, a éstos también llamó; y a los que llamó, a éstos también justificó; y a los que justificó, a éstos también glorificó" (Ro. 8:29-30).

En la *Idea falsa 17*: "Como yo, Dios, soy soberano y salvaré a quienes elija, no necesito tu ayuda", examinaremos con más cuidado la soberanía de Dios. Aquí el asunto es que la sangre de los inconversos no está en nuestras manos porque Dios lo domina todo. Es Él, no nosotros, quien conoce de antemano, predestina, llama, justifica y glorifica.

Romanos 3:11 nos dice: "No hay quien busque a Dios". Los inconversos no pueden ir a Dios a menos que Él los lleve. Si van a Cristo es porque Él los lleva. Cuando Jesús confrontó la ignorancia de su propio pueblo, que lo rechazó, reconoció la incapacidad de ellos para quitar esa ceguera. Él dijo: "Ninguno puede venir a mí, si el Padre que me envió no le trajere; y yo le resucitaré en el día postrero" (Jn. 6:44).

Dios es soberano sobre todas las cosas, incluso la salvación. Debemos esforzarnos por cumplir nuestra responsabilidad de evangelizar; pero si no lo hacemos, no es nuestra culpa si los incrédulos van al infierno. Aunque Él quiere usarnos, el destino de cada persona está en las manos de Dios.

Idea falsa 5

Conclusión

Usar Ezequiel 3:18-19 en el evangelismo no es una interpretación correcta de la Biblia. Dios estaba hablando a Ezequiel acerca de su responsabilidad como atalaya para la nación de Israel; no estaba hablando de la responsabilidad de usted como testigo. Sí, algunos pasajes pudieran entenderse en el contexto y *aplicarse* entonces al evangelismo, pero el pasaje de Ezequiel no es uno de ellos. La soberanía de Dios sobre la salvación de cada persona deja los resultados en sus manos, no en las nuestras.

> **Hay muchos motivos para evangelizar. El pasaje de Ezequiel que se refiere a que "su sangre demandaré de tu mano" no es uno de ellos. Dios no nos culpa del destino eterno de nadie.**

Idea falsa 6

"Si va a evangelizar, debe saber defender lo que usted cree".

Un vecino dice: "No creo en la Biblia".
Un compañero de trabajo dice: "No pienso que Cristo fuera quien dijo que era".
Su hermana dice: "Los cristianos son hipócritas".
Objeciones intimidatorias, ¿no es verdad? ¿Podemos evangelizar si no podemos responder a esas objeciones?
Un folleto para una conferencia sobre evangelismo atrajo mi atención, sobre todo el primer tema: "Cómo responder a las objeciones".
Me dije: "Un momento. Esta es una conferencia acerca del evangelismo. Quieren entusiasmar a las personas en cuanto a hablar del evangelio, pero comienzan con: 'Cómo responder a las objeciones'. Las personas pensarán que tienen que responder a cada objeción que presente un inconverso. Este folleto asusta a los creyentes antes que comiencen". Pensé en cuán a menudo vuelo. A muchos les asusta montarse en un avión. ¿Cuántos se montarían en un avión si se les recordara todo lo que pudiera salir mal?
Pienso que sé por qué responder a las objeciones era el primer tema. La idea que a menudo se transmite es: "Si va a evangelizar, debe saber defender lo que usted cree". Incluso he oído a personas decir: "Si no puede, mejor no evangelice".
Ese pensamiento es una idea falsa, y un versículo en particular se emplea para apoyar esa idea falsa.

Idea falsa 6

¿Dónde se origina esa idea?

Primera Pedro 3:15 dice: "Sino santificad a Dios el Señor en vuestros corazones, y estad siempre preparados para presentar defensa con mansedumbre y reverencia ante todo el que os demande razón de la esperanza que hay en vosotros". La frase "estad siempre preparados para presentar defensa… ante todo el que os demande razón" lleva a algunos a pensar que, a fin de evangelizar, deben poder defender lo que creen.

Sin embargo, ¿cuál es el contexto de la afirmación de Pedro? Pedro estaba escribiendo acerca de honrar a Dios sin que importe lo que la vida le haga a uno. Una excelente oportunidad es cuando se sufre por hacer lo bueno.

Pedro comenzó: "¿Y quién es aquel que os podrá hacer daño, si vosotros seguís el bien?" (v. 13). Por lo general las personas no hacen mal a quienes hacen el bien. Hacen mal a quienes hacen el mal. Sin embargo, Pedro añade: "Mas también si alguna cosa padecéis por causa de la justicia, bienaventurados sois. Por tanto, no os amedrentéis por temor de ellos, ni os conturbéis". Si usted sufre por hacer lo bueno, no se sienta intimidado ni molesto.

Eso es más fácil decirlo que hacerlo. Cuando se sufre por hacer lo bueno, ¿cómo no sentirse intimidado? La respuesta de Pedro fue: "Sino santificad a Dios el Señor en vuestros corazones". Un debido temor de Dios debe quitar el miedo al hombre.

Los cristianos de la iglesia primitiva estaban oyendo rumores de persecución en regiones del Imperio Romano. A los creyentes se les echaba a los leones y se les quemaba en la hoguera. Esas eran las muertes menos violentas y más rápidas. Nerón, jefe del Imperio Romano, empapaba a los cristianos de brea, les prendía fuego y los usaba como antorchas para iluminar sus jardines. Les cosía pieles de animales salvajes al cuerpo y les echaba sus perros de caza para que los devoraran. A otros se les torturaba, se cubrían de plomo derretido. Se les fijaban láminas de latón al rojo vivo a las partes más delicadas del cuerpo. Se les arrancaban los ojos. Se les quemaban las manos y los pies mientras se derramaba sobre ellos agua fría para prolongar la agonía. Su sufrimiento era espantoso, pero Pedro dijo: "No os amedrentéis por temor de ellos, ni os conturbéis".

Pedro estaba citando Isaías 8:12-13, que dice: "No llaméis conspiración a todas las cosas que este pueblo llama conspiración; ni temáis lo que ellos temen, ni tengáis miedo". Los israelitas no podían confiar en Dios en la sombra de la invasión, de modo que Dios exhortó a los profetas a que no tuvieran miedo, sino que confiaran en Dios. Pedro también exhortó a sus lectores a que pusieran al Señor en el centro de su corazón para que quedaran fuera todos los temores.

¿Cuál sería el resultado? Pedro continuó: "Y estad siempre preparados para presentar defensa con mansedumbre y reverencia ante todo el que os demande razón de la esperanza que hay en vosotros". Cuando usted sufre por hacer lo bueno y se niega a ser intimidado, la gente quiere saber por qué. Es entonces que puede dar a cada persona que pregunte su razón de la esperanza que hay en usted. La frase "presentar defensa" es la traducción de una palabra griega empleada como término jurídico en un juzgado. Se refiere a la respuesta inteligente dada por un abogado cuando habla a nombre de su cliente. Esa respuesta debe ir acompañada de mansedumbre y temor, que indica humildad hacia los hombres y reverencia hacia Dios.

Es obvio el problema con cómo se ha empleado ese versículo para desalentar la evangelización. En ninguna parte de 1 Pedro 3:15 hay indicio de que debamos poder defender lo que creemos a fin de evangelizar. Ese no es el contexto del párrafo. Ni debe emplearse ese versículo para apoyar la necesidad de apologética, por muy útil que sea la apologética. En lugar de eso, es una idea inspiradora que nos ayuda a responder debidamente cuando sufrimos por hacer lo bueno. Con inteligencia y humildad, dé a quienes se le oponen una razón de la esperanza que hay en usted. Primera Pedro 3:15 insinúa que el sufrimiento por hacer lo bueno da la oportunidad de hablar en nombre del Salvador. Sin embargo, de ninguna manera dice que debamos defender lo que creemos a fin de evangelizar.

Idea falsa 6

Examine los comentarios de Pablo acerca de su ministerio en Corinto y en Atenas.

Pablo sabía defender lo que creía. Se crió en Tarso, una ciudad notable por sus intelectuales, y su conocimiento de la ley y las costumbres romanas era extraordinario. Tenía dominio del idioma griego, y había estudiado bajo la dirección de Gamaliel, uno de los más distinguidos maestros de su época. En un panel, Pablo pudo haber sido excelente en el debate; confrontado con un ateo, podía haber expuesto la prueba de la existencia de Dios.

Por eso sus observaciones en 1 Corintios 2:1-2 son impresionantes. Él explicó: "Así que, hermanos, cuando fui a vosotros para anunciaros el testimonio de Dios, no fui con excelencia de palabras o de sabiduría. Pues me propuse no saber entre vosotros cosa alguna sino a Jesucristo, y a éste crucificado". Sus palabras "pues me propuse" indican que no fue algo que se le ocurrió después. Tomó la decisión a kilómetro y medio de la ciudad, no kilómetro y medio dentro de la ciudad. Corinto estaba llena de intelectuales y filósofos a quienes les encantaba discutir y debatir. Pero cuando Pablo entró en la ciudad, lo primero que les dijo a los corintios fue las buenas nuevas del evangelio. Él predicaba a "Jesucristo, y a éste crucificado". No entró en la ciudad *defendiendo* lo que creía. Entró *declarando* lo que creía.

Su enfoque no cambió ante un público similar en Atenas. Un versículo resume su estrategia ministerial cuando fue confrontado con los filósofos: "Y algunos filósofos de los epicúreos y de los estoicos disputaban con él; y unos decían: ¿Qué querrá decir este palabrero? Y otros: Parece que es predicador de nuevos dioses; porque les predicaba el evangelio de Jesús, y de la resurrección" (Hch. 17:18).

Tanto en Corinto como en Atenas, Pablo predicó a Cristo. Él creía que Dios quería que predicara a Cristo y no que lo defendiera.

Los recién convertidos que aún no pueden defender lo que creen llevan a más inconversos a Cristo.

Los recién convertidos llevan a más personas a Cristo que cualquier otro grupo. Contentísimos de haber hallado la respuesta, están convencidos de que todo el mundo tiene que conocerlo. La mayoría de sus conocidos son inconversos. Con audacia y entusiasmo, los recién convertidos les hablan de Cristo a sus muchos amigos perdidos.

Al ser recién convertidos, no tienen mucho conocimiento bíblico. Les dicen a sus amigos perdidos el único mensaje que conocen: "Cristo murió por los pecados de ustedes y resucitó. Al confiar en Él, ustedes pueden recibir su don de vida eterna". ¿Cuán profundo en el mensaje pueden ir? ¿Pueden explicar por qué las Escrituras no tienen error alguno? ¿Pueden defender la deidad de Cristo y exponer la prueba histórica de la resurrección? ¿Pueden explicar las tres personas de la Trinidad? ¡Casi nunca! Si defender lo que creemos es indispensable para el evangelismo, entonces los recién convertidos no pudieran llevar a sus conocidos a Cristo.

Hace poco leí acerca de un hombre cuya conversión fue tan radical que las personas notaron el cambio en su vida. Por los próximos catorce meses, llevó a más de cien personas al Salvador. Lo único que conocía era el sencillo mensaje del evangelio. Aun cuando escribía este capítulo, un pastor me contó de un recién convertido que llevaba a muchos a Cristo. ¡Él simplemente llevaba a los perdidos al único versículo que sabía, Juan 3:16!

No todos los inconversos tienen las mismas luchas.

La gente enfoca el cristianismo con cuestiones diferentes. Algunos luchan con la idea de que Jesucristo es el Hijo de Dios. Algunos se preguntan si la Biblia es lo que dice ser, la Palabra de Dios. Otros sienten que lo que Cristo tiene que ofrecer es solo para los "vagabundos". ¿Por qué una persona respetable necesita un Salvador? ¿Cómo puede

Idea falsa 6

llamarle un Dios de amor cuando los niños mueren pequeños y los adultos sufren muertes agonizantes?

Si decimos que "usted debe saber defender lo que cree antes que pueda evangelizar", ni siquiera un creyente maduro sabría dónde comenzar. Nadie puede estar seguro de cuál objeción presentará un inconverso.

Chuck, un buen amigo mío, estaba hablando con un cliente y le preguntó: "¿Está interesado en las cosas espirituales?" El cliente desahogó su enojo con Dios. De niño, le pidió a Dios que hiciera que su padre dejara de golpear a la madre y a los hermanos. Las magulladuras fueron temporales; su enojo e inseguridad duró décadas. Según ese hombre: "Dios nunca respondió a mis oraciones". Chuck preguntó: "¿Piensa que Dios fue culpable de esos golpes?" El hombre respondió: "Bueno... no. Fue mi padre". Luego Chuck preguntó: "Entonces ¿por qué está culpando a Dios?" No pudo responder. Entonces Chuck dijo: "¿Sabría usted sin duda alguna que. si muriera, iría directamente al cielo?" El hombre confesó que iría. Entonces Chuck dijo: "Suponga que usted estuviera delante de Dios y Él le preguntara '¿Por qué debo dejarte entrar en el cielo?', ¿qué le diría usted?" El hombre respondió: "Yo le diría que he llevado una vida buena". Chuck tomó la Biblia y le explicó el evangelio. El hombre confió en Cristo, y todo eso ocurrió en una hora. El recién convertido habló más tarde con Chuck acerca de los cambios radicales en su vida. Cuando comenzó a hablar de la salvación, Chuck no sabía qué objeción plantearía aquel hombre o hacia dónde iría la conversación. Pero no permitió que se le arrastrara a una posición defensiva. En lugar de eso, aprovechó la oportunidad para presentarle las buenas nuevas de Cristo.

¿Debemos defender lo que creemos?

¿Es a veces útil defender lo que usted cree? La respuesta es positiva. Muchos inconversos dicen: "Pero no creo en la Biblia", cuando se les confronta con el evangelio. Un recién convertido pudiera pensar: "¿Qué más puedo decir? Si esa persona no cree en la Biblia, la discusión ha terminado". Sin embargo, una persona que evangelice puede emplear una elocuente respuesta a esa objeción. Aunque la Biblia es la Palabra de Dios, el apoyo del cristiano va más allá de la Biblia. Se mantiene o se pierde en la resurrección de Cristo. Cuando se tiene toda la evidencia respecto a la resurrección, llega a ser el más probado hecho de la historia. Es prudente decir: "Pero la prueba del cristianismo va más allá de la Biblia. Radica en el sepulcro vacío de Cristo. Ni siquiera los ateos han podido negar ese acontecimiento sobrenatural. Haga del sepulcro vacío una evaluación sincera y objetiva. Antes que desestime a Cristo, se debe poder probar que no existe la resurrección, algo que nadie ha hecho". Eso enfoca lo que debe enfocarse. Obliga al oyente a considerar: "¿Estoy dispuesto a examinar la evidencia del cristianismo?"

Es útil saber responder a las objeciones, pero es impreciso decir que debe hacerse a fin de evangelizar. Respaldar tal idea con la Biblia es una interpretación equivocada de las Escrituras.

Conclusión

Poder defender lo que creemos es útil en la evangelización. Es una facultad que debe desarrollarse. Pero la Biblia no enseña que para evangelizar usted debe saber defender lo que cree. Los recién convertidos llevan a más personas a Cristo que otros creyentes porque conocen la sencilla verdad: Cristo murió por nuestros pecados y resucitó. Dios usa esa proclamación ferviente para llevar multitudes a Cristo.

> **El poder defender lo que se cree es útil en la evangelización. Pero la Biblia no enseña que los creyentes deben poder defender lo que creen antes que puedan evangelizar.**

Idea falsa 7

"Si lo asusta la evangelización, no tiene el don deevangelismo".

Usted entra en una tienda de vender dulces para comprar una docena de rosquillas glazeadas con azúcar. Los propietarios son cordiales, y le preguntan por su esposa y sus niños. La música que se oye por los amplificadores le brinda la oportunidad de llevar la conversación a las cosas espirituales. Sus amigos le han dicho que es probable que usted tenga el don de evangelismo, pero mientras está allí de pie, tiene miedo de mencionar a Cristo. Sus manos están sudorosas. Su garganta está seca. Su corazón late aceleradamente. ¿Significa eso que usted no tiene el don de evangelismo?

Muchos creen que, si sienten miedo cuando tratan de evangelizar, entonces no tienen el don. Ellos han dicho: "Pienso que pudiera tener el don de evangelismo. Pero a veces me muero de miedo, de modo que al parecer no lo tengo".

¿Es eso cierto? Si alguien siente miedo de evangelizar, ¿quiere decir que esa persona no tiene el don de evangelismo? ¿Indica la presencia del miedo la ausencia del don?

¿Qué es el don de evangelismo?

Uno pudiera preguntar: "¿Qué es el don de evangelismo? ¿No tienen todos los cristianos la responsabilidad de evangelizar?" Al hablar de personas con dones espirituales, Efesios 4:11 dice: "Y él mismo constituyó a unos, apóstoles; a otros, profetas; a otros, evangelistas; a otros, pastores y maestros..." ¿Qué implica el don de evangelista?

Nuestra palabra castellana *evangelio* viene de la palabra griega *euangelion*, que significa "buenas nuevas". Por lo tanto, el término *evangelista* significa "uno que anuncia las buenas nuevas de la muerte y la resurrección de Cristo". Si solo tuviéramos la palabra griega sabríamos que el evangelismo es la capacidad de predicar el evangelio.

Pero eso no es lo único que tenemos. Al examinar el contexto de Efesios 4:11, debemos preguntarnos: "¿Por qué da Dios a esas personas con dones al cuerpo de Cristo?" Se nos dice un versículo más adelante: "A fin de perfeccionar a los santos para la obra del ministerio, para la edificación del cuerpo de Cristo". De modo que el don de evangelismo no solo implica el evangelizar a los perdidos, sino también un ministerio de edificación a los creyentes. El don del evangelista se centra en el evangelio, así que es seguro suponer que, al ayudar a los creyentes, los evangelistas tienen que enseñarles cómo evangelizar con eficiencia. Por consiguiente, el don del evangelista tiene dos objetivos: ganar a los inconversos para Cristo y preparar al creyente.

No todos tienen tal don. Eso no cambia el hecho de que todos los creyentes tienen la *responsabilidad* de evangelizar. Lo primero que Cristo enseñó a sus discípulos fue: "Venid en pos de mí, y os haré pescadores de hombres" (Mt. 4:19). Aunque todos los que son sus discípulos tienen la responsabilidad de evangelizar, no todos tienen el don de evangelismo.

Una analogía del don de evangelismo es el don de dar. Todos los creyentes tienen la responsabilidad de dar. Segunda a los Corintios 9:7 nos recuerda: "Cada uno dé como propuso en su corazón: no con tristeza, ni por necesidad, porque Dios ama al dador alegre". Pero algunos tienen una capacidad especial dada por Dios para dar; dan de sus recursos para beneficiar a los demás, y hallan gran gozo haciendo eso. De igual manera, todos los cristianos tienen la responsabilidad de evangelizar. Algunos tienen una capacidad especial dada por Dios para hablar de Cristo, y hallan gran satisfacción cuando lo hacen.

Idea falsa 7

¿Indica la presencia del miedo la ausencia del don de evangelismo?

Comprendiendo el don de evangelismo, ahora podemos examinar la pregunta "¿Indica la presencia del miedo la ausencia del don?" Cuando la Biblia trata acerca del don, no se menciona la cuestión del miedo. Es un don con dos objetivos, un ministerio de ganar a los inconversos para Cristo y un ministerio de preparación del creyente. Al observar ambos objetivos del don, no dice nada del miedo. El único evangelista mencionado en las Escrituras es Felipe. En Hechos 8, cuando le presentó a Cristo al etíope eunuco (vv. 26-39), estaba actuando bajo instrucciones específicas: Lo dirigió el Espíritu de Dios: "Acércate y júntate a ese carro" (v. 29). El texto nos dice: "Acudiendo Felipe, le oyó que leía al profeta Isaías, y dijo: Pero ¿entiendes lo que lees?" El etíope fue sensible, y respondió: "¿Y cómo podré, si alguno no me enseñare?" (vv. 30-31). En esa situación, no había razón alguna para el miedo. No podemos determinar si Felipe habría tenido miedo si su oyente hubiera sido más hostil.

Los evangelistas no son personas sobrenaturales. Son personas *normales* con un don *sobrenatural*. ¿Qué temen las personas normales cuando evangelizan? Pablo, quien evangelizó aunque su don era al parecer el de pastor maestro, da una idea. Describiendo su ministerio en Corinto, dijo: "Así que, hermanos, cuando fui a vosotros para anunciaros el testimonio de Dios, no fui con excelencia de palabras o de sabiduría. Pues me propuse no saber entre vosotros cosa alguna sino a Jesucristo, y a éste crucificado. Y estuve entre vosotros con debilidad, y mucho temor y temblor" (1 Co. 2:1-3).

La *debilidad* pudiera referirse a cualquier cosa, desde su aguijón en la carne (cualquiera que haya sido su problema físico, cp. 2 Co. 12:7) hasta su falta de fortaleza física debido a su complexión nada impresionante. En lo físico, Pablo no lo habría impresionado a nadie como un tipo que practica en el gimnasio. Pudiera no haber sido tan frágil como algunos lo describen, pero tampoco habría sido un fornido jugador de fútbol.

El *temor* pudiera referirse a cualquier cosa desde la impiedad de la ciudad, que lo hacía impopular, hasta la hostilidad de los judíos, que no lo hacía bienvenido. A veces Pablo sabía que tenía amigos; a veces es probable que buscara amigos. ¿Qué mejor palabra que "temor" describiría sus sentimientos?

Es probable que el *temblor* se refiera a su cuerpo que temblaba con nerviosismo. Si se observaba a Pablo predicando el evangelio, uno podía salir diciendo: "Parecía un poco nervioso".

Ahora considere Efesios 6:19. ¿Qué dos peticiones de oración hizo Pablo a sus hermanos y hermanas en el cuerpo de Cristo? Él pidió: "...a fin de que al abrir mi boca me sea dada palabra para dar a conocer con denuedo el misterio del evangelio". Las dos peticiones son por palabra y denuedo. El deseo de Pablo no era simplemente ser predicador del evangelio, sino ser un predicador *valeroso*.

¿Por qué alguien que no sintiera temor pediría oración en esos dos aspectos? Sin la presencia del miedo esas peticiones de oración no tienen sentido. Así que podemos llegar a la conclusión de que Pablo se enfrentó al miedo en la evangelización. Sin embargo, mientras evangelizaba, oraba y otros oraban por él. Como resultado, el denuedo dominó el miedo en vez de que el miedo dominara el denuedo.

Como muestra este cuidadoso estudio del pasaje, ni un carácter piadoso ni el don espiritual de evangelismo pueden impedir que tengamos miedo.

Ahora examine a los evangelistas con dones.

Siempre nuestras conclusiones deben partir de la Biblia, no de la experiencia. Al mismo tiempo, la Biblia se comprueba por la experiencia. La pregunta que ahora debemos hacer es: "¿Han reconocido alguna vez tener miedo aquellos que tienen dones de evangelismo?"

He conocido evangelistas en todo el mundo. Muchos hablaron de su dependencia de Dios para vencer sus temores. Una vez hablé en Illinois y almorcé con el pastor y su esposa y dos parejas de la iglesia. Mientras saboreábamos la carne asada y el puré de papas, también nos deleitamos en una conversación acerca del evangelismo. Una de las

Idea falsa 7

mujeres, por observación del pastor y por su propia confesión, tenía el don de evangelismo. Aprovechaba las oportunidades de evangelizar con tanto entusiasmo como una mujer con dones de hospitalidad recibiría a las personas en su casa. Ella dijo: "Creo que tengo el don de evangelismo, pero a veces tengo miedo de hablar de Cristo. ¿Puede darme alguna receta para vencer ese miedo?" La elogié por reconocer su temor, aunque no expresara duda alguna de que tenía el don de evangelismo. Hablé con ella varias cosas, poniendo énfasis en la oración, en un método de hablar del evangelio y en la importancia de la obediencia.

Leighton Ford trabajó durante muchos años con la Asociación Billy Graham como evangelista viajero. Una vez dijo: "Soy un evangelista, y he estado dando testimonio y hablando de mi fe desde que tenía catorce años. He predicado a multitudes de seis mil personas, y todavía me pongo nervioso cuando le hablo a una persona de Cristo".

A Billy Graham se le respeta como evangelista con dones. Leí su propio testimonio confesando temores que sentía cuando le hablaba de Cristo a alguien. Estoy seguro de que él estaría de acuerdo en que a menudo se requiere más valor para hablarle a una persona que para hablar a una multitud.

A nivel personal, he dicho muchas veces: "Si no pudiera hablar del evangelio, ¿para qué vivir?" Para mí es emocionante. ¿Ha habido ocasiones en que lo he hecho sin miedo? Sí, pero esas ocasiones han sido la excepción, no la regla. Por lo general siento temor debido a la incertidumbre en cuanto a cómo reaccionará la persona. ¿Se ofenderá esa persona si hablo del tema de las cosas espirituales? ¿Destruirá esto una relación? Así que yo también siento nerviosismo, incertidumbre y miedo. Pero cada vez que le he pedido valor a Dios, he sentido el valor que necesitaba.

Volé de Dallas a El Paso pocas semanas después del 11 de septiembre. La mujer sentada a mi lado era de Michigan, donde ella y su esposo cultivaban papas para *Frito Lay*. Iban rumbo a México a fin de instalar equipos avanzados para la producción de papas fritas. El haberme criado en el campo nos ayudó a relacionarnos mejor, y cuando traté de buscar una forma de llevar la conversación a las cosas espirituales, temí por dos razones. Una era el no saber cómo reaccionaría ella. Por muy simpática que fuera, no podía estar seguro de que esa simpatía pudiera llevarla a las cosas espirituales. La otra razón era su esposo. Él podía oír nuestra conversación, y yo no estaba seguro de que apreciara que le hablara a su esposa de su necesidad de Cristo. Le pedí denuedo a Dios, y comencé a sentir su valor. Ella mencionó cómo desde el 11 de septiembre "hasta el presidente puede hablar acerca de la oración". Esa era mi oportunidad. Le expliqué el evangelio y le di un tratado, que esperaba que Dios usara para llevarla a Cristo. Allí estaba yo, con don de evangelismo y sintiendo miedo. Lo único que tenía que hacer era pedirle valor a Dios.

¿Cuál es el peligro de pensar "Quienes tienen el don de evangelismo no tienen miedo"?

Creo que muchos tienen dones de evangelismo, pero no lo saben. Las personas que tienen miedo no deben usarlo para decidir si tienen o no tienen el don. El don espiritual de una persona solo se desarrolla mediante el ejercicio y el uso, y el basarse en una decisión por miedo pudiera impedir que esa persona desarrolle ese don. En vez de eso, las personas deben aceptar la posibilidad de tal don. El relacionarse con personas espirituales y con experiencia en el trabajo cristiano ayudará a tales personas a determinar si tienen el don. Si lo tienen, deben recordar que a veces los evangelistas también sienten miedo.

Conclusión

"Si lo asusta la evangelización, no tiene el don de evangelismo" no se enseña en la Biblia. Quienes tienen dones de evangelismo también sienten miedo.

La presencia del miedo en la evangelización no significa la ausencia del don.

Idea falsa 8

"Si no derrama lágrimas por los perdidos, no será eficiente en la evangelización".

Sincera. Frustrada. Confundida. Todo eso describía a la persona que escribía. Su carta expresaba una frustración que muchos sentimos, aunque la expresemos de manera diferente.

Ella escribió: "He oído decir que, a menos que no derramemos lágrimas por los perdidos, no podemos ser eficientes en la evangelización. ¿Cómo podemos fabricar lágrimas? Estoy de acuerdo en que debemos tener genuino interés y compasión por los perdidos, porque sin el Salvador, están para siempre condenados al infierno. Pero ¿son necesarias las lágrimas antes que el Señor nos use en la evangelización?"

Dios no transmite esa idea en la Biblia. Como la mayoría de las ideas falsas, esa idea por lo general se origina en las personas, no en algún versículo.

¿Quiénes hacen por lo general tal afirmación?

La afirmación de que "Debemos derramar lágrimas por los perdidos o nunca podemos ser eficientes en la evangelización" la hacen por lo general los que fácilmente lloran. Muchos me han dicho: "Lloro con facilidad". Es natural que lloren por aquellos que, sin Cristo, se enfrentan a un infierno eterno.

Quienes lloran con facilidad pudieran tener el don de evangelismo, lo que muestra su carga por los perdidos. O pudieran tener el don de misericordia, lo cual aflige su corazón por los que sufren, entre ellas las que no han conocido al Salvador. O pudieran no tener el don de misericordia ni el don de evangelismo, sino una personalidad que se deja dominar por las lágrimas.

Hace años conocí a un hombre muy bondadoso; uno que irradia compasión. Cuando hablaba de las necesidades de la gente, a menudo se le aguaban los ojos. Una vez dijo: "Le ruego que me perdone. Me molesta el que llore con tanta facilidad. Parece que no puedo evitarlo". No tenía necesidad alguna de disculparse. Aunque otros pudieran no llorar con tanta facilidad como él, él es el hombre bondadoso que Dios quiso que fuera. Lo consolé diciéndole: "Sus lágrimas son cómo usted expresa sus sentimientos". No conozco su don espiritual, pero sí sé que su temperamento se deja dominar por las lágrimas.

Todas las personas que he conocido que hicieron tal afirmación lloran con facilidad.

¿Son las lágrimas esenciales desde el punto de vista bíblico?

Al mismo tiempo, es incorrecto hacer que otros se sientan culpables cuando no expresan su preocupación con lágrimas. Si una persona no está preocupada porque los perdidos vayan al infierno, eso es un problema. Pero si no se afligen como se afligen otros o si no lloran por la condición perdida de una persona, eso no es un problema. La Biblia no dice que tengamos que derramar lágrimas para ser usados en la evangelización. Quiénes somos y lo que más nos entusiasma o nos carga determina lo que nos hace llorar.

Tengo un amigo con el don de la enseñanza. No solo disfruta al enseñar, sino que se siente contentísimo con eso. Sus ojos se llenan de lágrimas cuando habla de cómo cambió la vida de una persona gracias a lo que le enseñó. Soy profesor asociado en dos escuelas con

Idea falsa 8

carácter fijo y enseño en otras también. Y, sí, es satisfactorio ver que la verdad influye en las actitudes en cuanto a ganar a los perdidos. Me gusta enseñar y me emociono con los resultados, pero eso no me emociona tanto como cuando ruego a los perdidos que vayan a Cristo. El evangelizar me agua más los ojos que cualquier cosa que ocurra mientras estoy enseñando. La diferencia está en el don.

Un segundo ejemplo es el don de misericordia de mi esposa; la capacidad para sentir los sufrimientos de otros y de ayudar a los necesitados. Mi esposa sufre cuando otros sufren. Las personas con el don de misericordia tienen a menudo ese espíritu empático, y sienten tanta carga por los demás que, si no tienen cuidado, cargan con los sufrimientos de todo el mundo. Mi esposa fácilmente derrama lágrimas por los que sufren. Los problemas conyugales de una amiga la hacen llorar. Una persona joven que lucha con el vicio de las drogas la hace llorar. Ella llorará por un bebito que nace con una deformidad. Ella se interesa por los perdidos. Sin embargo, sus lágrimas tienen más que ver con el sufrimiento de ellos que con su condición perdida. Si ella no llora por la condición perdida de ellos, aunque yo pudiera, eso no quiere decir que a ella no le interesa. Ni estoy despreocupado por un creyente que sufre si mi esposa llora por él y yo no. Lo importante no son las lágrimas, sino el interés.

La Biblia no dice que las lágrimas sean indispensables para ser eficientes en la evangelización. Lo que provoca lágrimas es una cuestión personal, lo que más nos emociona o nos preocupa.

¿En qué pone énfasis la Biblia?

Lo que debemos sentir por los perdidos es compasión. Cristo tuvo compasión, lo que significa que sintió piedad por los inconversos. Estos ocho pasajes muestran esa compasión:

1. "Y al ver las multitudes, tuvo compasión de ellas; porque estaban desamparadas y dispersas como ovejas que no tienen pastor" (Mt. 9:36). El contexto es la reacción de Cristo ante las personas de las ciudades y aldeas cuando predicaba el

2. evangelio, enseñaba en las sinagogas y sanaba a los enfermos.
2. "Y saliendo Jesús, vio una gran multitud, y tuvo compasión de ellos, y sanó a los que de ellos estaban enfermos" (Mt. 14:14). El contexto es antes de la alimentación de los cinco mil cuando las multitudes lo siguieron a un lugar desierto fuera de la ciudad.
3. "Y Jesús, llamando a sus discípulos, dijo: Tengo compasión de la gente, porque ya hace tres días que están conmigo, y no tienen qué comer; y enviarlos en ayunas no quiero, no sea que desmayen en el camino" (Mt. 15:32). El contexto es la preparación de Cristo para alimentar a los cuatro mil que lo siguieron al desierto.
4. "Entonces Jesús, compadecido, les tocó los ojos, y en seguida recibieron la vista; y le siguieron" (Mt. 20:34). El contexto es la reacción de Cristo ante los dos ciegos que, cuando Jesús pasaba, le pidieron que los sanara.
5. "Y Jesús, teniendo misericordia de él, extendió la mano y le tocó, y le dijo: Quiero, sé limpio" (Mr. 1:41). El contexto es la respuesta de Jesús al leproso, cuya sanidad autenticó quién era Cristo e hizo que las multitudes lo buscaran.
6. "Y salió Jesús y vio una gran multitud, y tuvo compasión de ellos, porque eran como ovejas que no tenían pastor; y comenzó a enseñarles muchas cosas" (Mr. 6:34). Marcos describió la situación observada en Mateo 14:14 antes de la alimentación de los cinco mil.
7. "Tengo compasión de la gente, porque ya hace tres días que están conmigo, y no tienen qué comer" (Mr. 8:2). Marcos describió la situación observada en Mateo 15:32 cuando Cristo se preparaba para alimentar a los cuatro mil.
8. "Y cuando el Señor la vio, se compadeció de ella, y le dijo: No llores" (Lc. 7:13). El contexto es la resurrección del hijo de una viuda, un milagro que autenticó quién era Él.

Los relatos anteriores no dicen si hubo lágrimas en sus ojos. Pero sí nos dicen que Cristo sintió compasión. La compasión debe motivarnos a hablarles de Cristo a los perdidos aun cuando no haya lágrimas en nuestros ojos.

Idea falsa 8

Pablo mostró esa compasión por la condición perdida del pueblo escogido de Dios, los judíos. Leemos en Romanos 9:1-3: "Verdad digo en Cristo, no miento, y mi conciencia me da testimonio en el Espíritu Santo, que tengo gran tristeza y continuo dolor en mi corazón. Porque deseara yo mismo ser anatema, separado de Cristo, por amor a mis hermanos, los que son mis parientes según la carne".

Pablo se angustiaba debido al rechazo del evangelio por la mayoría del pueblo judío. ¿Había lágrimas en los ojos de Pablo al considerar la condición de ellos? No se nos dice. El texto subraya que sentía tanta compasión por ellos que le dio "gran tristeza" y "continuo dolor". Pablo deseaba ser "anatema" o estar separado de Cristo si eso podía asegurar su salvación. Tal sacrificio, por supuesto, no podía asegurar la salvación de nadie. Lo que Pablo expresó es la compasión que sentía por su propio pueblo que no conocía al Señor.

No estoy de acuerdo con la filosofía de que "los hombres no lloran". No me da pena llorar, pero no lloro fácilmente como algunos. Sufro más interior que exteriormente. Como alguien que tiene el don de evangelismo, a veces me acuesto y me quedo despierto por la noche, pensando en el destino eterno de alguna persona si esa persona no confía en Cristo. Hay compasión aun cuando no haya lágrimas.

Mientras esperaba en un aeropuerto de Chicago para mi viaje de regreso a Dallas, observé a una mujer jovial frente a mí. Llevaba puesta una camiseta color azul lavanda que decía: "Los nietos son del cielo". Elogié su camiseta y, mientras conversábamos por unos minutos, me dijo que iba a visitar a sus nietos en Alabama. Sus ojos pestañearon cuando dijo: "Sé que les encantará mi camiseta". Oí que llamaban a los pasajeros de mi vuelo, así que le dije: "Soy predicador, y estoy en el ministerio. Pensé que mientras espera su vuelo pudiera disfrutar de la lectura de este tratado". Al decirle eso, le di uno de nuestros tratados "¿Me permite hacerle una pregunta?" (vea el *Apéndice*) y subí al avión. Durante varios días, no pude quitármela de la mente, preguntándome si habría confiado en el Señor. Pensaba en ella varias veces al día, pero nunca derramé una lágrima.

¿Qué pasa si un creyente no tiene esa compasión?

Pida a Dios que le dé compasión por los perdidos. Dios nos pide que vayamos a Él no solo por las necesidades físicas, como alimento y dinero, sino por cualquier necesidad que tengamos. Hebreos 4:16 dice: "Acerquémonos, pues, confiadamente al trono de la gracia, para alcanzar misericordia y hallar gracia para el oportuno socorro". Cuando vamos a Cristo, nuestro compasivo sumo sacerdote, hallamos consuelo y ayuda, no crítica y castigo. Él es un Dios de misericordia y gracia. Pídale con corazón quebrantado: "Ayúdame a ver a los perdidos de la manera que tú los ves". Él *responderá*.

Lea el Evangelio según San Juan, un capítulo al día, que explica cómo recibir la vida eterna. Imagínese al lado de Jesús, y observe cómo Él anduvo y actuó alrededor de los inconversos. Su interés por los perdidos puede ser instructivo y contagioso. Cuando habló con Nicodemo, por ejemplo —un hombre con religión pero sin Cristo— recibió sus elogios: "Rabí, sabemos que has venido de Dios como maestro; porque nadie puede hacer estas señales que tú haces, si no está Dios con él" (Jn. 3:2). Pero al mismo tiempo, Cristo anhelaba la conversión de Nicodemo, no sus elogios. Su amor se dirigió a su gran inquietud. "De cierto, de cierto te digo, que el que no naciere de nuevo, no puede ver el reino de Dios" (v. 3). Un capítulo más adelante, Cristo cruzó las fronteras culturales y políticas y habló con una mujer samaritana depravada. Lo que importaba no era lo que ella sentía por Él sino lo que Él sentía por ella. Él explicó: "Si conocieras el don de Dios, y quién es el que te dice: Dame de beber; tú le pedirías, y él te daría agua viva" (Jn. 4:10). Leer el Evangelio según San Juan le ayuda a ver a los perdidos como Jesús los vio.

Pase tiempo con los incrédulos. Salga de su ámbito natural. Pase tiempo con quienes son esclavos de Satanás y están "muertos en… delitos y pecados" (Ef. 2:1). Usted comprenderá a quién usted tiene y a quién no tienen los inconversos, y anhelará que ellos entiendan: "Así que, si el Hijo os libertare, seréis verdaderamente libres" (Jn. 8:36). Una mujer asistía a una fiesta patrocinada por el empleador

Idea falsa 8

de su esposo. Al relacionarse con las personas con quien su esposo se relacionaba diariamente, oyó malas palabras por dondequiera. La gente hablaba de una forma degradante; los esposos y las esposas se cruzaban miradas hirientes de odio. Después de eso, ella me dijo: "Mi esposo y yo nos afligimos mucho por ellos. Seguimos tratando de averiguar cómo ganarlos para el Señor. Son tan desdichados y ni siquiera saben por qué".

Pase tiempo con quienes tienen interés por los perdidos. Permítales que se lo inculquen a usted. Permítales que "[lo estimulen] al amor y a las buenas obras" (He. 10:24) en ese aspecto. Pudiera sorprenderse al ver cuán rápido se contagia de su compasión por los perdidos. La compasión por los perdidos no vendrá de la noche a la mañana, pero vendrá.

Conclusión

La Biblia no enseña que, si usted no derrama lágrimas por los perdidos, no será eficiente en la evangelización. Pregúntese: "¿Siento compasión por los perdidos que no han conocido al Salvador?" De ser así, las lágrimas pudieran acompañar o no tal compasión. Sin embargo, si hay compasión, uno tiene el espíritu que tuvo Cristo por los perdidos.

> **Las lágrimas no determinan la eficiencia en la evangelización. Lo que importa es sentir compasión por los perdidos.**

Idea falsa 9

"Usted es salvo aunque esté confiando en algo más que en Cristo para su salvación eterna".

Una abogada de treinta y nueve años se enteró de que tenía cáncer de mama. Ahora tomó seriamente lo que antes tomaba a la ligera. Ella quería saber que iba a ir al cielo, y ahora sentía que tenía esa seguridad. Así que le pregunté: "¿Qué piensa que tiene que hacer para ir al cielo?" Su respuesta fue: "Amar a los demás y creer en Cristo".

Un ingeniero y su bonita novia asistían a la iglesia cuatro de cada cinco domingos. Él había estado yendo por un año y medio y se refería a sí mismo como cristiano. Pero nunca doy por sentado la salvación de nadie, así que le hice la pregunta de prueba. "Si usted estuviera delante de Dios, y Él le preguntara '¿Por qué debo dejarte entrar en el cielo?', ¿qué le diría usted?" Su respuesta fue: "No pienso que Él me hará esa pregunta. Él me conoce. Sabe cuán bueno he sido. Además, creo en Cristo". Entonces le dije: "Déjeme hacerle otra pregunta. ¿Qué piensa que tiene que hacer para ir al cielo?" Él respondió: "Llevar una vida buena, guardar los mandamientos, ese tipo de cosas".

Un trabajador de una fábrica se enteró de que tenía un tumor. No pude quitar de mi mente nuestra conversación. Las cosas no parecían andar bien. Él esperaba los resultados de la biopsia, y temía que fuera maligno. Como si eso fuera poco, acababan de despedirlo del trabajo. No tenía empleo. Cada vez había más cuentas que pagar. No teniendo otra parte adónde ir, comenzó a mirar hacia arriba.

Idea falsa 9

Pensó que haría bien en ser justificado delante de Dios. Para él eso significaba bautizarse, y se mantuvo firme. Jesucristo era esencial para ir al cielo. También lo era el bautismo. A menos que fuera bautizado, me aseguró, no podía ser salvo. Le pregunté: "Suponga que un hombre muriera camino a la pila bautismal. ¿Adónde iría?" Él respondió: "Dios respetaría su corazón. El hombre habría sido bautizado si hubiera tenido tiempo". Pero no había duda alguna en su mente de que Cristo y el bautismo son necesarios para ser salvos.

Con testimonios como esos, la fórmula de la salvación no es la suficiencia de Cristo. "Sí", dirían esas personas, "Cristo es necesario. Pero la salvación es por medio de Cristo más cualquier cantidad de posibilidades: el bautismo, la asistencia a la iglesia, el llevar una vida buena, guardar los mandamientos o participar de los sacramentos". Muchos me han dicho: "¿No cree que irán al cielo porque creen en Cristo, aun cuando añadan algo más a eso?" Una persona dijo: "Cristo sigue siendo parte de su fórmula de modo que les iría bien, ¿no es así?"

¿Por qué es una idea falsa creer que las personas son salvas aunque no confíen en que solo Cristo las salva?

Abundan las razones. Son reconocibles, se relacionan entre sí y son claras. Veamos siete razones; todas verdades bíblicas.

La vida eterna es la apropiación de un don, no el acuerdo de una asociación.

¿Qué distingue un don? Se ha pagado el precio. Si quien lo recibe contribuye con el costo, entonces el don no es un don. En lugar de eso, es una asociación en la que dos partes reciben el beneficio. Si cada uno hace su parte, ambos reciben beneficio.

Nunca la Biblia presenta la vida eterna como el beneficio de una asociación: Si usted hace su parte, Dios hará la suya. En lugar de eso, es la apropiación de un don. Considere Efesios 2:8-9 y Romanos 6:23. Ambos pasajes atestiguan del don de vida eterna que es dado no *por* el esfuerzo humano sino *independiente* del esfuerzo humano.

Efesios 2:8-9 dice: "Porque por gracia sois salvos mediante la fe; y esto no de vosotros, pues es don de Dios; no por obras, para que nadie se gloríe". ¿Por qué subraya el texto "no de vosotros" y "no por obras"? La refutación de ambas ideas es contundente. Es "no de vosotros" porque "es don de Dios". Es "no por obras". ¿La razón? "Para que nadie se gloríe". Ambos refutan cualquier idea de asociación con Dios. El derecho a gloriarse de la salvación no pertenecen a dos participantes: el pecador y Dios. Pertenecen solo a Dios. La participación humana en ganar el don es imposible.

En Romanos 6:23 leemos: "Porque la paga del pecado es muerte, mas la dádiva de Dios es vida eterna en Cristo Jesús Señor nuestro". Como pecadores hemos ganado la muerte y la eterna separación de Dios. Sin Cristo, un solo pecado significa que el infierno es nuestro futuro. ¿Qué se pone en contraste con lo que se gana? El versículo termina diciendo: "Mas la dádiva de Dios es vida eterna en Cristo Jesús Señor nuestro". ¿Puede el pecado darnos la muerte? Sí. ¿El vivir con rectitud puede darnos la vida eterna? No. Romanos 6:23 una vez más pone el don sin ningún esfuerzo humano.

Dios no le debe nada a nadie.

Romanos 4:5 dice: "Mas al que no obra, sino cree en aquel que justifica al impío, su fe le es contada por justicia". Una de las preguntas que Dios *no* nos hará para determinar si debiera permitirnos entrar en el cielo es: "¿Cuántas buenas obras has hecho?" ¿Por qué? Porque la justicia se le cuenta "al que no obra, sino cree..."

¿Por qué no acepta Dios las obras humanas ni siquiera como pago parcial de nuestra salvación? Un versículo antes en Romanos 4:4 dice: "Pero al que obra, no se le cuenta el salario como gracia, sino como deuda". Si Dios nos aceptara basándose en alguna buena obra que hayamos hecho, algún mérito que hayamos alcanzado, estaría pagando una deuda; dando algo que debe dar. Pero Dios no le debe nada a nadie. No nos debe nada. ¿Nos da algo? Sí. ¿Nos debe algo? No.

Suponga que usted tiene una mansión espaciosa. Tiene pisos de mármol, paredes finamente decoradas, la más novedosa cocina, mostradores de granito, altos cielos rasos abovedados, canchas de tenis y una piscina bellamente diseñada en el traspatio. Yo le pregunto:

Idea falsa 9

"¿Pudiera venir a vivir con usted?" Usted responde: "Por supuesto. Lo único que pido es que usted haga estas diez cosas". Cerramos un trato, y hago las diez cosas. Usted es ahora mi deudor. Me debe el derecho de vivir en su casa. Pero Dios no nos debe nada. Él no le debe nada a nadie. Si tuviéramos algo que ver con nuestra salvación, eso haría a Dios un deudor parcial.

Por eso la Biblia habla de llevar una vida de gratitud por nuestra salvación. Dios no nos debe nada. Nosotros se lo debemos todo.

Gracia con algún esfuerzo añadido de nuestra parte ya no es gracia.

Gracia es favor que no merecemos. En realidad, es aun más; gracia es favor a quienes merecen lo contrario. Como pecadores, merecemos el infierno, pero Dios nos da el favor que no merecemos. Permitió que su Hijo llevara nuestro castigo en una cruz para que, mediante su muerte y su resurrección, pudiéramos ser perdonados. Con el castigo pagado, Dios favorece a quienes merecen lo opuesto. Merecemos el infierno. Su favor nos da el cielo.

¿Qué ocurre si añadimos esfuerzo humano a la gracia? Romanos 11:6 explica: "Y si por gracia, ya no es por obras; de otra manera la gracia ya no es gracia. Y si por obras, ya no es gracia; de otra manera la obra ya no es obra". La gracia y las obras se oponen diametralmente en nuestra salvación eterna. Gracia con algún esfuerzo añadido ya no es gracia.

"Consumado es" significa que todo está terminado.

El dolor fue brutal. Los clavos rasgaban los ligamentos en sus muñecas. Se mezclaban la sangre y el sudor en su frente, haciendo arder las punzantes heridas de la corona de espinas. Sentía un dolor intenso en los pies mientras trataba de soportar su peso. Apenas podía respirar. La mayoría de la gente se reía de Él, pero también podía oír los gritos de los pocos que lo amaban. Sabía que ellos no comprendían lo que estaba ocurriendo. A través de sus ojos hinchados, Jesús tuvo una vislumbre de su madre. Sabía que ella estaba sufriendo. Su propio costado pronto sería atravesado con una lanza. En su humanidad, deseaba que se quitara el sufrimiento (Mr. 14:36). En su divinidad, sabía que era "el Cordero de Dios, que quita el pecado del mundo" (Jn. 1:29).

Por último, pudo decir desde la cruz: "Consumado es" (Jn. 19:30). Y, en realidad, había terminado su obra en la tierra. La palabra griega traducida "consumado" es *tetelestai*. No solo significa consumado, sino que también significa pagado por completo. Se han descubierto recibos de impuestos durante la época del Nuevo Testamento con *tetelestai* escrita sobre ellos. Delante de un Dios Todopoderoso, Cristo declaró nuestros pecados totalmente pagados. No dio una entrada, sino que hizo el pago completo.

Primera Juan 2:2 nos dice: "Y él es la propiciación por nuestros pecados; y no solamente por los nuestros, sino también por los de todo el mundo". *Propiciación* significa satisfacción. Un Dios santo estaba satisfecho con la muerte de su Hijo como pago suficiente por nuestros pecados. Cristo pudo declarar "Consumado es" porque el pago por nuestro pecado fue completo.

La cruz grita: "Siéntase satisfecho con lo que satisface a Dios". Si estamos satisfechos con las buenas obras como pago suficiente por nuestros pecados, estamos perdidos y sin salvación eterna. Si estamos satisfechos con nuestras buenas obras *y* con la muerte de Cristo, estamos igualmente perdidos. Si estamos satisfechos con nuestros bautismos como pago suficiente por nuestros pecados, estamos perdidos y sin Dios. Si estamos satisfechos con nuestros bautismos *y* Cristo como pago por nuestros pecados, estamos sin Cristo. Dios estuvo satisfecho con una cosa solamente: La muerte de su Hijo. Una persona perfecta tomó el lugar del pecador. "Consumado es" significa que el pago es completo. No puede añadirse nada más.

Hay un solo evangelio. No debe pervertirse.

El evangelio como se presenta en 1 Corintios 15:3-4 es que Cristo

Idea falsa 9

murió por nuestros pecados y resucitó de los muertos. La edad, la cultura y las circunstancias no cambian nada. Las buenas nuevas son las mismas para el adolescente con muchos años por delante que para el hombre moribundo con apenas segundos. Es el mensaje que más necesita los Estados Unidos con su riqueza o África con su pobreza. Es *el* evangelio para el mundo. Las personas a quienes les predica o el lugar en que se predica no cambia nada.

La preocupación de Pablo, o más bien el enojo justo, cuando escribió a los gálatas es comprensible: "Estoy maravillado de que tan pronto os hayáis alejado del que os llamó por la gracia de Cristo, para seguir un evangelio diferente. No que haya otro, sino que hay algunos que os perturban y quieren pervertir el evangelio de Cristo" (Gá. 1:6-7). Quienes pervertían el evangelio de Cristo eran los judaizantes. Comenzaban diciendo que había que creer en Cristo para ser salvo, pero no se detenían allí. Añadían a eso el guardar las fiestas judías, la circuncisión y el guardar las leyes ceremoniales. Todo eso, decían ellos, era requisito para la salvación. Su evangelio llegó a ser no un evangelio de gracia sino un evangelio de gracia más obras.

Pablo advirtió: "Mas si aun nosotros, o un ángel del cielo, os anunciare otro evangelio diferente del que os hemos anunciado, sea anatema" (Gá. 1:8). *Anatema* transmite la idea de "déjenlo sufrir el castigo de Dios". El cómo Dios pone en práctica ese castigo es asunto suyo. Para el inconverso, el castigo final es un infierno eterno. Para el cristiano que pervierte el evangelio, pudiera ejercerse la disciplina de Dios de diversos modos. La idea de Pablo es que alguien que pervierte el evangelio merece la disciplina de Dios. ¿Por qué? Un evangelio de Cristo *más* otra cosa era un evangelio diferente. Pablo dice "no que haya otro", queriendo decir otro de la misma clase. Es un evangelio diferente, no otro evangelio de la misma clase. Por lo tanto, no es "buenas nuevas" en absoluto.

Hay un solo Dios, un solo Salvador, un solo evangelio y un solo camino de salvación. Pedro declaró: "Y en ningún otro hay salvación; porque no hay otro nombre bajo el cielo, dado a los hombres, en que podamos ser salvos" (Hch. 4:12).

La claridad de Juan es inconfundible.

El propósito del Evangelio según San Juan, como se subraya reiteradamente a lo largo de este libro, es explicar cómo recibir la vida eterna (Jn. 20:31). Examine solo tres versículos:

> Porque de tal manera amó Dios al mundo, que ha dado a su Hijo unigénito, para que todo aquel que en él cree, no se pierda, mas tenga vida eterna. Porque no envió Dios a su Hijo al mundo para condenar al mundo, sino para que el mundo sea salvo por él. El que en él cree, no es condenado; pero el que no cree, ya ha sido condenado, porque no ha creído en el nombre del unigénito Hijo de Dios. (Jn. 3:16-18)

Según el versículo 16, la persona que tiene vida eterna es "todo aquel que en él cree". Según el versículo 17, ¿quién es la única persona por quien uno debe salvarse? "Por él", es decir, el unigénito Hijo de Dios, Jesucristo. Según el versículo 18, ¿cuál es el fundamento para que uno sea condenado o no? El creer en el Hijo.

Un estudiante de la Biblia pudiera preguntar ¿qué me dice de Juan 3:5? "Respondió Jesús: De cierto, de cierto te digo, que el que no naciere de agua y del Espíritu, no puede entrar en el reino de Dios". ¿No significa bautismo el "nacer de agua"? Deben observarse tres cosas. Una es el contexto. Cristo estaba tratando de llevar a Nicodemo del nacimiento físico que tenía en mente al segundo nacimiento que Cristo tenía en mente. El contexto favorece el punto de vista de que el agua a que Cristo se refería es el agua del nacimiento físico. Estaba diciendo: "A menos que se nazca del agua para vivir, y luego del Espíritu a fin de vivir para siempre, no puede entrar en el reino de Dios". En segundo lugar, vaya varios versículos adelante, a Juan 3:16, que dice que la única condición de la salvación es la fe en Cristo. En tercer lugar, las Escrituras no se contradicen a sí mismas. Por lo tanto, sin que importe cómo usted interprete el agua, Cristo no estaba añadiendo ningún requisito a su don de vida eterna aparte de la fe. Como de modo reiterado Juan condiciona la salvación a la fe solamente, lo que

Idea falsa 9

está claro debe siempre interpretar lo que no está claro. Las inconfundibles palabras de Cristo fueron: "De cierto, de cierto os digo: El que cree en mí, tiene vida eterna" (Jn. 6:47).

La justificación se basa en la obra de su Hijo, no en nuestras obras.

La justificación es el acto de la gracia de Dios por el cual los que creen son vestidos de la justicia de su Hijo y son declarados totalmente justos ante los ojos de Dios. ¿En base a qué es justificado un pecador? Romanos 5:1 explica: "Justificados, pues, por la fe, tenemos paz para con Dios por medio de nuestro Señor Jesucristo".

Cuando confiamos en que Cristo nos salve, Dios ya no ve nuestros pecados. Han sido cubiertos por la sangre derramada en la cruz. Él nos viste de la justicia de su Hijo para que, cuando Dios nos mire, solo vea la perfección de su Hijo. Somos completamente justos ante sus ojos. La declaración es definitiva. Por la fe en Cristo somos eternamente justificados.

Romanos 3:24 dice que somos "justificados gratuitamente por su gracia, mediante la redención que es en Cristo Jesús". *Gratuitamente* significa "sin una causa". Nuestra justificación se basa en la obra de su Hijo, no en la nuestra. No hay en nosotros causa ni mérito alguno para ser justificados.

¿Por qué algunos luchan con una salvación "solamente en Cristo"?

Si uno es salvo solamente por medio de Cristo, ¿por qué algunos dicen: "Bueno, mi amigo no está confiando solamente en Cristo, pero pienso que aún así es salvo"? Para muchos es difícil aceptar la gracia y los dones de Dios. Estamos acostumbrados a trabajar y ganar todo lo que tenemos: el efectivo en el banco, la ropa que llevamos puesta, la comida en nuestra mesa, los automóviles en nuestros garajes, el techo de nuestra casa. ¿No se nos ha dicho que Dios ayuda a quienes se ayudan a sí mismos? Los padres pudieran ayudar a los hijos a establecerse, pero estos tienen que trabajar a partir de allí. Una tía rica pudiera mencionarlo a usted en su testamento, pero eso solo cubre algunas cosas; no pagará por todo. Cuando estamos en una situación desesperada, otros pudieran ayudarnos, pero no pueden sacarnos del apuro. De modo que, cuando Dios dice que la vida eterna es gratuita, es casi demasiado difícil de entender. Si "nada en la vida es gratis", como decimos, ¿cómo pudiera ser gratuita la vida eterna?

A veces es difícil afrontar la verdad. Si reconocemos la verdad bíblica —que somos salvos solo por medio de Cristo— las repercusiones pueden ser descomunales. Eso significa que un conocido que no vea la verdad antes que muera estará separado de Dios para siempre. La realidad de lo que eso significa para nuestros familiares, amigos o vecinos es profundamente emocional y personal. Sin embargo, eludir los hechos no cambia la realidad. Pudiera no gustarme la verdad, pero la verdad —no mis sentimientos— tiene que ser preeminente. ¿No sería mejor pedir a Dios una oportunidad para llevar a esas personas a la verdad del evangelio?

Subestimamos la estrategia de Satanás. Él es un engañador. No se le reconoce por su manera de vestir o su conducta. Pudiera hasta vestirse con un traje de predicador. Es probable que lo exhorte a que sea como Dios tanto como sea posible sin estar relacionado con Dios. Él está de parte de la religión; no se opone a ella, mientras la religión omita toda alusión a una salvación solo por medio de Cristo. De ese modo, puede llevar engañada a la gente a un infierno eterno.

A menudo se reduce la salvación a una fórmula. Solo diga o haga esto y usted será justificado delante de Dios. La vida eterna no tiene nada que ver con una fórmula. Tiene que ver con la apropiación de un don. Vamos a Dios como pecadores, reconociendo que su Hijo tomó nuestro castigo y resucitó y confiamos en que su Hijo nos salve. Cuando se reduce a una fórmula, creamos nuestros propios ingredientes para la salvación. Un ingrediente es Cristo; el otro es cualquier cosa que determinemos que sea.

Idea falsa 9

Conclusión

La cruz de Cristo grita: "Siéntase satisfecho con lo que satisface a Dios". Dios estaba satisfecho solo con la muerte de su Hijo como pago suficiente por nuestros pecados. Por eso Cristo declaró: "Consumado es". Dios no le debe nada a nadie. Él ofrece vida eterna solo basándose en la gracia, favor que no merecemos. La gracia con cualquier cosa añadida deja de ser gracia. Dios nos justifica basándose en la obra de su Hijo, no en la nuestra. Si confiamos en algo más que en Cristo para la salvación, hemos caído víctimas del engaño de Satanás. Cristo, y solo Cristo, salva.

> **Siéntase satisfecho con lo que satisface a Dios. Si confiamos en algo más que en Cristo como nuestro único camino al cielo, no nos hemos apropiado del don de vida eterna.**

Idea falsa 10

"Si duda de su salvación, entonces no es salvo".

La asediaban dudas acerca de su salvación. Era como una pesadilla de la que no podía despertarse.

En dos ocasiones, había pasado adelante en un culto de la iglesia y había estado viviendo para Cristo. Pero desde su adolescencia hasta sus años de casada, no estuvo absolutamente segura de que iba a ir al cielo. La seguridad de su salvación parecía difícil de alcanzar. Era como tratar de recoger el aire de la montaña en una vasija para respirarlo cuando llegara a casa. O como un bebito que trata de tocar su sombra en la pared proyectada por el sol de la tarde. O tratar de agarrar un copo de nieve con la lengua. Casi podía, pero no lo lograba.

La mayoría de las personas que expresan duda en cuanto a su salvación caen en una de dos categorías. Algunos no han entendido el evangelio y, en realidad, no son salvos. Piensan que se obtiene el cielo mediante las buenas obras o mediante una combinación de Cristo y sus buenas obras. Si eso fuera cierto, nadie pudiera estar seguro de su salvación; las personas, después de todo, pueden hacer algo bien un día y bastante mal al día siguiente. La Biblia enseña que la vida eterna es gratuita porque el precio de nuestro pecado ha sido ya pagado.

Cuando hablé en una cena de amistad, el pastor asociado y su esposa llevaron a Jake y a Ellen, una pareja inconversa. Jake preguntó si podían llevar también a sus amigos Keith y Christina. El pastor asociado dijo que sí. Él conocía a Keith y a Christina, y siempre había

Idea falsa 10

dado por sentado de que eran creyentes. Aquella noche Jake y Ellen confiaron en Cristo... ¡y también lo hicieron Keith y Christina! Keith me dijo: "Si Cristo me preguntara '¿Por qué debo dejarte entrar en el cielo?', yo no diría: 'Jesucristo murió por mí'. Nunca he entendido eso". Él había luchado con su salvación. ¿Por qué? Nunca había entendido el evangelio. Aquella noche, el aroma del evangelio superó el olor de la comida. ¡Al fin entendió!

La segunda categoría de personas *ha* entendido el evangelio. Está consciente de que la Biblia no habla de un "espero" o "pienso" de la salvación, sino de un "conozco". Primera Juan 5:13 dice: "Estas cosas os he escrito a vosotros que creéis en el nombre del Hijo de Dios, para que sepáis que tenéis vida eterna". Pero esas personas siguen luchando con si son o no son salvas.

Aquí radica el problema.

Como confiar en Cristo significa que la vida eterna es una certeza, no una posibilidad, algunos han sostenido: "Si duda de su salvación, entonces no es salvo. Después de todo, si usted fue salvo, *sabría* que fue salvo y sabría por qué".

Julia era una de las adolescentes más inteligentes que he conocido. Rostro radiante, personalidad optimista y risa contagiosa. Ella añadía entusiasmo a toda situación. Pero no temía ser franca y auténtica. Cuando me contó sus dudas, le hice algunas preguntas de importancia fundamental. Ella dedujo que no se había dado a entender. De modo que dijo: "Un momento. Mi problema es más grande que el *porqué* dudo de mi salvación. Se me ha dicho que, si se duda, uno *no* es salvo. ¿Es cierto eso?"

Muchos que dudan de su salvación no han entendido el evangelio. Pero ¿nos atrevemos a decir que *cualquiera* que dude de su salvación está en ese bando? ¿No es probable que Satanás atormente a los hijos de Dios, haciendo que se pregunten si, en realidad, estarán en su presencia para siempre?

¿Qué dice la Biblia?

La Biblia *garantiza* vida eterna a una persona que ha confiado en Cristo. Para asegurarnos de nuestra eterna relación con Él, la carta a los romanos afirma:

> ¿Qué, pues, diremos a esto? Si Dios es por nosotros, ¿quién contra nosotros? El que no escatimó ni a su propio Hijo, sino que lo entregó por todos nosotros, ¿cómo no nos dará también con él todas las cosas? ¿Quién acusará a los escogidos de Dios? Dios es el que justifica. ¿Quién es el que condenará? Cristo es el que murió; más aun, el que también resucitó, el que además está a la diestra de Dios, el que también intercede por nosotros. ¿Quién nos separará del amor de Cristo? ¿Tribulación, o angustia, o persecución, o hambre, o desnudez, o peligro, o espada? (Ro. 8:31-35)

Una segunda cosa a observar es que ningún versículo enseña: "Si duda de su salvación, entonces no es salvo". Tal declaración es una idea falsa, no una verdad bíblica. Os Guinness, en su libro *In Two Minds* [En dos mentes], dice: "Hay tres ideas falsas elementales que son muy comunes: la primera, que la duda es mala porque es lo mismo que la incredulidad; la segunda, esa duda es un problema que perturba a la fe pero no al conocimiento y la tercera, esa duda es algo de qué estar avergonzado porque no puede creer si tiene dudas".1

Estoy de acuerdo con Os cuando dice que las personas se equivocan al pensar que "la duda es mala porque es lo mismo que la incredulidad". No es bíblica esa enseñanza. Cambie por un momento el verbo "dudar" por la frase verbal "poner en tela de juicio". Tengo más respeto por quienes ponen en tela de juicio su salvación que por la persona que no lo hace en absoluto. ¿Qué mejor pregunta pudiera uno hacerse que: "¿Estoy seguro de que voy a ir al cielo, y de ser así, por qué?"

Idea falsa 10

¿Por qué entonces dudan las personas?

Algunos dudan de todo. Dudan de si los ama el cónyuge o si sus hijos los respetan. Dudan de que lleguen a la edad de la jubilación, o que el avión que van a abordar llegue a su destino. Son escépticos de corazón. Tales personas tienen cuestiones que resolver que son muy diferentes de la salvación eterna.

Otros dudan porque no pueden señalar un tiempo y lugar específico en que dieron el paso decisivo y confiaron en Cristo. Saben que solo Cristo es su única esperanza de salvación, pero si no saben el momento exacto en que conocieron a su Salvador, se preguntan: "¿Pudiera indicar eso que no soy salvo?" Pudiera habérseles dicho: "Si no sabe la fecha en que fue salvo, usted no es salvo" (vea el *Idea falsa 1*).

Otros dudan porque han hecho de las características de un cristiano las *condiciones* por las cuales determinar si lo son. Alguien me envió por correo electrónico un artículo que quería enviar para que se publicara, pidiéndome una crítica de antemano. El tema era "Cómo saber si lo conoce". Basándose en 1 Juan, la autora sugería cinco preguntas para determinar si uno es salvo:

1. ¿Tengo comunión con el Padre?
2. ¿Estoy permaneciendo en Él?
3. ¿Practico habitualmente el pecado?
4. ¿Amo a los hermanos?
5. ¿Soy vencedor?

¿Cómo determinarían esas preguntas si soy salvo? Un día yo pudiera responder afirmativamente a una de esas preguntas y otro día pudiera responder negativamente.

El propósito de 1 Juan no es analizar cómo llegar a ser cristiano; más bien es analizar la intimidad con Cristo una vez que usted es salvo. El Evangelio según San Juan y la epístola de 1 Juan son libros complementarios. En su Evangelio, Juan dice cómo recibir el don de vida eterna, empleando el verbo *creer* noventa y ocho veces. La epístola de 1 Juan analiza cómo acercarse a aquel en quien usted ha confiado, empleando *permanecer* veintiséis veces. Por lo tanto, lo que se examina en 1 Juan es la comunión de uno con Cristo, no la salvación de uno. Con eso en mente, 1 Juan 4:20-21 tiene sentido: "Si alguno dice: Yo amo a Dios, y aborrece a su hermano, es mentiroso. Pues el que no ama a su hermano a quien ha visto, ¿cómo puede amar a Dios a quien no ha visto? Y nosotros tenemos este mandamiento de él: El que ama a Dios, ame también a su hermano". Se puede *conocer* a Dios y aborrecer al hermano. No se puede *amar* a Dios y aborrecer al hermano. Estar cerca de Él es vivir en una buena relación con su familia.

Pero a veces las características de un cristiano que permanece en Cristo se presentan como condiciones para determinar si uno es cristiano. Sin embargo, observando las características, puede hacer que los creyentes duden de su salvación. Las características no son condiciones. La Biblia señala a personas que no siempre mostraron tales características, pero no pone en tela de juicio su salvación. En 1 Corintios 5, por ejemplo, Pablo habla de una persona que vive en "tal fornicación cual ni aun se nombra entre los gentiles; tanto que alguno tiene la mujer de su padre" (v. 1). Pablo advierte que el hombre pudiera ser juzgado con la muerte física, pero asegura que su salvación no está en peligro. Él explica que la iglesia debe entregar a ese hombre "a Satanás para destrucción de la carne, a fin de que el espíritu sea salvo en el día del Señor Jesús" (v. 5). El fornicario necesitaba la disciplina de la iglesia, y los creyentes debían interrumpir su comunión con él. Sin embargo, Pablo se refiere a él como "hermano" (v. 11) y no cuestiona su salvación.

A menudo las personas son víctimas de la enseñanza que confunde el entrar en la vida cristiana con el vivirla. Esas personas son también las que por lo general dudan de su salvación. Uno que no actúa como cristiano pudiera en realidad no ser cristiano. Pero no sirve de nada usar las características de un cristiano como fundamento para decidir si alguien es cristiano. Algunos pudieran, después de todo, estar llevando una vida ejemplar sin ser cristianos. Pudiera ser que esas personas estén confiando en sus obras y no en la obra consumada de Cristo en la cruz para ir al cielo.

Idea falsa 10

¿Qué debe hacer un escéptico?

¿Cómo deben resolverse las dudas? Recuerde que esas dudas pudieran indicar que una persona no es salva. O las dudas pudieran indicar que una persona es salva pero no está reaccionando debidamente ante sus dudas. Las preguntas siguientes ayudan a resolver la cuestión.

¿Comprendo la sencillez del evangelio?

Como estamos acostumbrados a ganar todo lo que tenemos, pensamos desde el punto de vista de ganar la salvación, o al menos de dar una "entrada". Cuando Cristo murió en la cruz, Él exclamó: "Consumado es" (Jn. 19:30). Su muerte y su resurrección proveyeron completa satisfacción a la ira de Dios contra nuestro pecado. Él hizo el pago completo, no dio solamente la entrada, por todo lo malo que hemos hecho. Su resurrección al tercer día demostró su victoria sobre el pecado y el sepulcro. Como tomó el castigo de muerte en nuestro lugar, Dios puede ahora perdonarnos basándose únicamente en lo que Él ha hecho por nosotros. Su perdón no se basa en nada que hayamos hecho para Él. Como pecadores, debemos reconocer que solo Él es el único fundamento sobre el cual Dios puede recibirnos.

¿He confiado en Cristo?

Nos apropiamos de la muerte de Cristo en la cruz al ir a Él como pecadores, reconociendo que Él hizo el pago del pecado por nosotros, y "creyendo". Jesús prometió: "De cierto, de cierto os digo: El que cree en mí, tiene vida eterna" (Jn. 6:47). *Creer* significa poner nuestra confianza solamente en Cristo como nuestro único fundamento para vivir eternamente con Dios.

Lo importante no es *cuándo* una persona tomó tal decisión, ni lo es si esa persona fue o no por el pasillo o dijo una oración. El caminar por un pasillo o decir una oración puede haber sucedido junto con el ir a Cristo, pero esas acciones no salvan. Es confiar en Cristo lo que salva.

Si estamos confiando solamente en Cristo para ir al cielo, somos para siempre hijos de Dios sin que importe cuándo o dónde ocurrió eso. Si no está seguro de si ha confiado en Cristo, ahora es el momento de resolver esa cuestión. He aquí cómo puede decirle a Dios lo que usted está haciendo: *Dios amado, soy pecador. Nada que yo haga me hace merecedor del cielo. Ahora reconozco que Cristo murió por mí y resucitó. Ahora mismo pongo mi confianza en que solamente Cristo me salva. Gracias por el don de vida eterna que acabo de recibir.* En el momento en que usted confía en Cristo, Dios le da el don de vida eterna.

¿Estoy confiando en la Palabra de Dios?

Una vez que confiamos en Cristo, debemos confiar en su Palabra. Eso quiere decir aceptar la promesa de Dios de que, habiendo confiado en Cristo, somos suyos para siempre. Jesucristo nos asegura: "Y yo les doy vida eterna; y no perecerán jamás, ni nadie las arrebatará de mi mano" (Jn. 10:28).

Si usted me preguntara de quién soy hijo, yo respondería: "Soy el hijo de Paul y Miriam Moyer". Tengo prueba que pudiera presentar en un juzgado: una partida de nacimiento. Un documento por escrito me asegura que soy su hijo. Dios nos ha dado un documento por escrito: la inspirada Palabra de Dios. Ella nos asegura que una vez que hemos confiado en Cristo, somos suyos. Nuestra salvación se basa en una promesa que no puede quebrantarse. Viene de un Dios que no puede mentir.

Cuando Satanás lo tiente a dudar, recuerde que la polémica de Satanás es con Dios, no con usted. Rechace a Satanás con esta actitud: "Si quieres discutir en cuanto a mi salvación, tendrás que llevar tu argumento a mi Salvador. Él lo dijo y no hay más que hablar". Una vez que Satanás vea que no puede atormentarlo más, huirá y tratará de hacer daño en otra parte. Se aplica en definitiva el consejo de Santiago: "Resistid al diablo, y huirá de vosotros" (Stg. 4:7).

Idea falsa 10

Conclusión

Las Escrituras no enseñan que, si duda de su salvación, usted no es salvo. Si alguna persona duda de su salvación, esa persona debe hacer las preguntas anteriores y entonces confíe en la palabra de Dios. Cuando surgen las dudas, los creyentes pueden recordar que su salvación es tan indudable como las promesas de Dios. Cuando respondemos debidamente, y de una manera consecuente, a quienes dudan, el poner en tela de juicio nuestra salvación es cosa del pasado. Esas dudas pudieran no disiparse de la noche a la mañana, pero se disiparán. Debido a la gracia y a las promesas de Dios, podemos estar completamente seguros del cielo.

> **El dudar de su salvación no significa necesariamente que usted no sea salvo. Analice por qué usted duda y cómo reaccionar de una manera bíblica.**

Idea falsa 11

"Es suficiente llevar una vida cristiana alrededor de los inconversos. En realidad no hay que emplear palabras".

Se le preguntó a Gandhi, el ex guía espiritual de la India: "¿Cuál es el mayor obstáculo para el cristianismo en la India?" Él respondió: "Los cristianos".[1]

Conocí a un hombre que nunca perdía una oportunidad para decir: "De veras necesitas ir a la iglesia". Pero rara vez iba a la iglesia él mismo.

Pocas cosas dañan al cristiano más que un creyente que no vive la vida cristiana. Llamados "hipócritas", hablan mucho pero no parecen preocuparse por cómo viven. Lo contrario es también cierto. *Nada ayuda más al testimonio de un creyente que su vida respaldando sus palabras.* He guiado a personas a Cristo que contaron de la influencia que otros creyentes tuvieron en su vida. Ellas dicen:

- "Conozco a muchas personas que predican una cosa y viven otra; pero él vivía la vida que predicaba".
- "Pensaba que él no podía ser la persona que decía ser debido a lo que había visto en otros cristianos. Me llevé la gran sorpresa".
- "Jesucristo era para él tan real el lunes como el domingo".

Idea falsa 11

La idea falsa de que "es suficiente una vida cristiana" ha surgido de experiencias negativas y positivas. A veces se transmite así: "Solo lleve su vida alrededor de los inconversos. Si fuera necesario, emplee las palabras", o "No hay que hablarles a los inconversos de su necesidad de Cristo. Solo viva su fe alrededor de ellos, e irán al Salvador". La idea es que, en su vida cotidiana, no tendrá que mencionar a Cristo a quienes lo rodean; ellos le preguntarán acerca de Cristo. Pero observe lo que he llamado una idea falsa.

¿Por qué es una idea falsa?

No siempre nos distinguimos en el sentido común. Imagínese a una mujer que lleva una vida cristiana perfecta (¡como si eso fuera posible!). Ella pone a los demás primero que a sí misma, acepta insultos sin vengarse, y es una esposa y madre amorosa. Ella domina su lengua en vez de dejar que la lengua la domine a ella. Busca formas de servir en vez de buscar a los demás para que le sirvan.

Observe a esa mujer durante un día; o mejor aun, una semana, un mes, o un año. Nada de lo que observe en esa vida me dice cómo conocer a Cristo. Si usted lleva la vida más santa, eso simplemente comprueba que algo le ha sucedido a usted. No me dice cómo esa misma experiencia puede ser mía, o qué hace que usted viva como vive. Quizá sea usted una persona de elevada moralidad. Tal vez sus padres lo disciplinaron bien cuando era niño.

Para mí las palabras son importantísimas para conocer de Cristo; son esenciales. Tarde o temprano, alguien tiene que hablarme de Él. Eso no es decir que una persona no puede ir a Cristo mediante la lectura personal de la Biblia. Algunos sí han tenido esa experiencia, como es en mi caso. Pero aun en mi propia experiencia las personas dijeron cosas que tuvieron que ver en mi comprensión del plan de salvación de Dios.

Sí, usted tiene que vivir la vida cristiana.

Un pasaje que pone énfasis en la importancia de vivir la vida cristiana es Mateo 5:14-16. Se nos dice: "Vosotros sois la luz del mundo; una ciudad asentada sobre un monte no se puede esconder. Ni se enciende una luz y se pone debajo de un almud, sino sobre el candelero, y alumbra a todos los que están en casa. Así alumbre vuestra luz delante de los hombres, para que vean vuestras buenas obras, y glorifiquen a vuestro Padre que está en los cielos".

Los constructores no edifican una ciudad sobre un monte para ocultarla. Ellos quieren que la gente la vea. De igual manera, tampoco se ponen lámparas debajo de los cajones. Aquí la palabra *almud* se refiere a unidad de medida en forma de cajón usada para medir el trigo. En las casas de aquella época era un mueble común. Cuando no se estaba midiendo trigo se le daba la vuelta y se usaba como mesa de noche. Encima de ella, la lámpara iluminaba toda la casa. Permitía que la madre velara a su bebito, y que el bebito hallara su juguete.

Entonces Cristo se hace entender. En el versículo 16 Él dice: "Así alumbre vuestra luz delante de los hombres, para que vean vuestras buenas obras, y glorifiquen a vuestro Padre que está en los cielos". No oculte su cristianismo. Llévelo a la universidad. Practíquelo en el trabajo. Muéstrelo en las tiendas por departamentos. Deje que las personas vean sus buenas obras. Cuando un cristiano hace lo bueno, ese creyente muestra a las personas a un Dios que es aun mejor "para que vean vuestras buenas obras, y glorifiquen a vuestro Padre que está en los cielos". La luz de usted guía a las personas en la dirección correcta y a la Persona correcta.

Sí, tiene que usar sus labios.

Un pasaje que pone énfasis en la importancia de la vida *y* de los labios es Filipenses 2:14-16. Pablo exhortó a los filipenses a que lo hicieran todo "sin murmuraciones y contiendas". Luego dijo: "… para que seáis irreprensibles y sencillos, hijos de Dios sin mancha en medio de una generación maligna y perversa, en medio de la cual resplandecéis como luminares en el mundo; asidos de la palabra de vida".

Aquí *luminares* se refiere a los cuerpos celestes que iluminan el universo. Lo que es el sol para el mundo, somos nosotros entre los

Idea falsa 11

inconversos; una luz en medio de las tinieblas. ¿Cómo hacemos eso? En el versículo 16 Pablo explica: "asidos de la palabra de vida". Eso significa sostener ante los inconversos las buenas nuevas de Jesucristo, las cuales, como se definen en 1 Corintios 15:3-4, son la verdad de la muerte y la resurrección de Cristo. Debemos evangelizar. Debemos hablar del evangelio en cada oportunidad, públicamente a las multitudes y en privado a cada persona. Hechos 5:42 nos dice: "Y todos los días, en el templo y por las casas, no cesaban de enseñar y predicar a Jesucristo". Viva la vida, pero también use sus labios. De otra manera, los inconversos nunca sabrán cómo recibir el don divino de vida eterna.

¿Qué más enseña la Biblia?

Aunque ligeramente distinto, otro error está relacionado con la idea falsa de "solo viva una vida cristiana", y tampoco presenta con precisión lo que la Biblia enseña.

Mencionado a menudo como "evangelismo de la amistad", la idea es que hay que ganar el derecho a ser oído. El comentario que se hace es: "Si empleamos palabras, debemos conocer bien al perdido antes de hablarle de Cristo a esa persona".

Debemos ser como Cristo, que era amigo de los pecadores (Mt. 11:19). Sin embargo, a veces nuestras mejores oportunidades son nuestras primeras conversaciones con los perdidos. La mujer samaritana de Juan 4 es un ejemplo excelente. La conversación de Cristo con Zaqueo en Lucas 19 es otra: "Zaqueo, date prisa, desciende, porque hoy es necesario que pose yo en tu casa" (v. 5). El texto nos dice que Cristo atrajo a Zaqueo durante su primera visita. Esa oportunidad dada por Dios a veces resulta porque Dios usó a otra persona para sembrar la semilla del evangelio, pero quiere que nosotros cosechemos el fruto. Después de hablar con la samaritana, Cristo dijo a sus discípulos: "Yo os he enviado a segar lo que vosotros no labrasteis; otros labraron, y vosotros habéis entrado en sus labores" (Jn. 4:38). Sí se necesita una amistad, pero algunas amistades se forman en momentos y no en meses.

21 cosas que Dios jamás dijo

La enseñanza que dice "Debemos conocer bien a la persona antes de hablarle de Cristo a esa persona" no toma en cuenta la brevedad de la vida. Dos pasajes advierten de esa brevedad en tonos alarmantes. Santiago 4:13-14 nos dice: "¡Vamos ahora! los que decís: Hoy y mañana iremos a tal ciudad, y estaremos allá un año, y traficaremos, y ganaremos; cuando no sabéis lo que será mañana. Porque ¿qué es vuestra vida? Ciertamente es neblina que se aparece por un poco de tiempo, y luego se desvanece".

Los que alardean han decidido todo, desde cuándo saldrán hasta cuánto ganarán. Santiago les recuerda que lo único seguro es que todo es inseguro. Santiago describe la vida de ellos como "neblina que se aparece por un poco de tiempo, y luego se desvanece". Hoy aquí y desaparecido mañana ha sido una cruda verdad para muchos. Santiago explica: "Deberíais decir: Si el Señor quiere, viviremos y haremos esto o aquello" (v. 15).

El segundo pasaje es una parábola que contó Cristo después de reprender severamente la codicia de los discípulos. Leemos en Lucas 12:16-20:

> "También les refirió una parábola, diciendo: La heredad de un hombre rico había producido mucho. Y él pensaba dentro de sí, diciendo: ¿Qué haré, porque no tengo dónde guardar mis frutos? Y dijo: Esto haré: derribaré mis graneros, y los edificaré mayores, y allí guardaré todos mis frutos y mis bienes; y diré a mi alma: Alma, muchos bienes tienes guardados para muchos años; repósate, come, bebe, regocíjate. Pero Dios le dijo: Necio, esta noche vienen a pedirte tu alma; y lo que has provisto, ¿de quién será?"

Las expresiones del hombre rico revelan que está seguro acerca del futuro. Está, en realidad, planeando para el futuro como si nada pudiera cambiarlo. Dios le llama necio. El hombre rico puso toda su atención en las cosas que serían inútiles cuando muriera. Sabiendo lo que el hombre no sabía, Dios le informó que ni siquiera tenía

Idea falsa 11

veinticuatro horas completas. Llegaría la muerte más pronto de lo que pensaba. El evangelismo reconoce la brevedad de la vida. En cuanto a algunos, no tenemos cien mañanas para hablar. Pudiéramos no tener ningún mañana. No es bíblico enfocar el evangelismo con una actitud de "cuando sea". Hace años hablé en una cena en Michigan. Una mujer, a quien llamaremos Kathy, invitó a una pareja inconversa, y aceptaron la invitación pero avisaron que no irían hasta tres horas antes del banquete. Kathy invitó de inmediato a otra pareja y el esposo confió en Cristo. Kathy y su esposo asistieron a nuestro seminario de adiestramiento la noche siguiente. Se convencieron de que podían hablarles a otros del Salvador.

Días después, la esposa de la pareja que no había ido llamó a Kathy. Ella había tenido un accidente automovilístico, el auto dio varias vueltas y cayó con las ruedas arriba en una cuneta. No resultó herida y salió caminando del lugar del accidente, pero le dijo a Kathy: "¡De verdad pensaba que me iba a morir! ¡Estaba muy asustada! ¿Qué les habría sucedido a mis hijos si yo hubiera muerto?" Kathy respondió: "Aún más importante, ¿qué habría sucedido si *tú* hubieras muerto? Si hubieras muerto en el accidente, ¿puedes decirme dónde pasarías la eternidad?" Entonces Kathy tuvo el privilegio de hablarle del evangelio a esa mujer y, entre lágrimas, la inconversa confió en Cristo. Una semana después, la mujer sufrió un colapso en su casa, fue llevada al hospital y murió. Murió a causa de insuficiencia renal debido a una enfermedad que no sabía que tenía. El evangelismo tiene que reconocer la brevedad de la vida. No se nos garantiza el mañana para hablarle a un perdido.

Esa es una razón de que yo prefiera el término evangelismo de "estilo de vida" que evangelismo de la amistad. Cada día es una oportunidad para evangelizar a los inconversos que Dios pone en su camino. Pudiera no tener usted la oportunidad de presentar el evangelio; pero también pudiera. Si no puede llevar a una persona a Cristo, solo haga todo lo que pueda.

Conclusión

La idea de que "lo único que tenemos que hacer es llevar una vida cristiana alrededor de los inconversos" es una idea falsa. Si no tenemos cuidado, se convierte en una excusa para no evangelizar. La vida más perfecta no le dice a un inconverso cómo ir a Cristo. Debemos pedirle a Dios valor para hablar del Señor. Cuando lo hacemos, debemos comprender cuánto más eficaz es nuestro testimonio cuando está respaldado por una vida cristiana consecuente. Se ha hecho el comentario: "Su vida habla tan alto que no puedo oír lo que está diciendo". Se emplea para referirse a alguien que trata de dar testimonio de Cristo pero cuya vida deja mucho que desear. Tal vida estorba nuestro testimonio. Debiera decirse de nosotros: "Me gusta lo que dice su vida. Cuénteme algo más".

La vida más santa no explica cómo recibir la vida eterna. La Biblia pone de relieve que nuestro testimonio no es independiente de las palabras, sino acompañado de palabras.

Idea falsa 12

"No se espera que todos los creyentes evangelicen, sino solo quienes tienen dones de evangelismo".

Kristie se asustó con la respuesta de Amy. Kristie no quiso hacerla sentir mal. Mientras almorzaban juntas, Kristie habló de la oportunidad que tuvo de hablar del evangelio con una compañera de trabajo el día antes. Amy bajó el tenedor, se quedó mirando la ensalada, luego miró hacia arriba y respondió: "Eso está bien para ti. Pero no esperes que yo lo haga. El evangelismo no es algo que Dios espera que todos hagamos".

Nadie niega que el evangelismo sea importante o incluso esencial. La pregunta es: "¿Para quién es esencial?" Amy opinaba que Dios no espera que todo creyente evangelice. Ella creía que Él solo espera que quienes tienen dones de evangelismo prediquen las buenas nuevas. Para entender el error en la lógica de Amy, hay que responder a cinco preguntas.

¿De dónde viene ese punto de vista?

El versículo citado a menudo para apoyar tal punto de vista es Efesios 4:11. Leemos: "Y él mismo constituyó a unos, apóstoles; a otros, profetas; a otros, evangelistas; a otros, pastores y maestros". Algunos interpretan eso como que significa "Como que Dios ha dado a ciertas personas el don de evangelistas, solo se espera que evangelicen quienes tienen ese don".

¿Qué dice en realidad Efesios 4:11?

Sin lugar a dudas, este versículo dice que Dios tiene personas con dones en la iglesia. Su propósito se expresa un versículo más adelante: "...a fin de perfeccionar a los santos para la obra del ministerio, para la edificación del cuerpo de Cristo". El objetivo es preparar a los creyentes para que juntos realicen el trabajo. La responsabilidad que Dios le ha dado a la iglesia no la cumple una persona ni un puñado de personas. Más bien todos los creyentes deben usar sus dones espirituales, y trabajar unidos. ¿Quiénes son esas personas con dones que Dios ha dado a la iglesia?

Los apóstoles incluían a los doce discípulos que fueron designados por Cristo (Hch. 1:21-22). Primera a los Corintios 15:8-9 indica que Pablo también era apóstol. Otros tenían el don del apostolado, aunque no el "oficio", porque llevaban el mensaje del evangelio con la autoridad de Dios. Entre esos estaban Jacobo (1 Co. 15:7; Gá. 1:19), Bernabé (Hch. 14:4, 14; 1 Co. 9:6), y Andrónico y Junia (Ro. 16:7). Es posible que incluyera a Silas y a Timoteo (1 Ts. 1:1; 2:6) y a Apolos (1 Co. 4:6, 9).

Los profetas revelaron la voluntad de Dios para la iglesia antes que se completaran las Escrituras. La mayoría de los eruditos bíblicos enseñan que los apóstoles y profetas ayudaron a dar forma al fundamento de la iglesia primitiva, y que los dones de apostolado y profecía ya no eran necesarios después de la primera generación de creyentes. Evangelistas como Felipe (Hch. 8:5, 26-40; 21:8) debían difundir el evangelio. En la actualidad, también los evangelistas serían los que predican el evangelio a los inconversos dentro y fuera del país. Se mencionan juntos pastores y maestros, y la mayoría de los eruditos llegan a la conclusión de que los términos se refieren a dos funciones de la misma persona. Se pastorea para consuelo y dirección; se enseña mediante la instrucción en los caminos de Dios.

De modo que Efesios 4:11 enseña que a personas específicas se les

Idea falsa 12

da el don de evangelismo. Como se observó en un capítulo anterior, ese don pudiera definirse como la capacidad especial para transmitir el evangelio a los pecadores y de preparar a los santos para el evangelismo. Tales personas tienen entonces un don y la responsabilidad delante de Dios de hablar del evangelio y de preparar a los creyentes en el evangelismo.

¿Tienen otros la responsabilidad de evangelizar?

Otros *tienen* la responsabilidad de evangelizar por dos razones. Una está en el texto de Efesios 4:11; el don de evangelismo es dado "a fin de perfeccionar a los santos". Diez o incluso diez mil evangelistas pueden evangelizar a unos pocos, de modo que Dios quiere que los evangelistas preparen a otros creyentes para que hablen del evangelio. Si se multiplican al preparar a otros creyentes, pueden ganar a miles más, si no a millones. De modo que un creyente no necesita tener el *don* de evangelismo para evangelizar. Los creyentes pueden ser preparados por alguien con ese don. Cada año nuestra asociación adiestra a miles de creyentes en el evangelismo personal y en la predicación evangelística, y quienes son adiestrados van a varios lugares del mundo.

La segunda razón es el carácter del discipulado. Al confiar en Cristo como nuestro Salvador, Dios nos invita a que seamos sus discípulos. La salvación es gratuita y se nos da en el momento en que confiamos en Cristo. Pero el discipulado tiene un precio. La advertencia de Cristo en Lucas 14:26 fue: "Si alguno viene a mí, y no aborrece a su padre, y madre, y mujer, e hijos, y hermanos, y hermanas, y aun también su propia vida, no puede ser mi discípulo". La lealtad a Cristo debe estar primero que la lealtad a cualquier otra persona.

Discípulo significa "uno que aprende". En Mateo 4:19, encontramos lo primero que Cristo enseñó a los primeros discípulos cuando los llamó: "Venid en pos de mí, y os haré pescadores de hombres". Si uno va a ser discípulo de Cristo, debe de alguna manera participar en el evangelismo. El interés por los perdidos debe caracterizar a un discípulo de Cristo.

Ese interés puede expresarse en diversas formas. Algunos dan de sus recursos económicos y sus inversiones monetarias dan dividendos espirituales, se gana a los perdidos. Otros creyentes pudieran fomentar una actividad evangelística ayudando a organizar una actividad que proclama el evangelio a centenares, incluso a millares. Aun otros pudieran repartir literatura evangelística, proclamando así el evangelio mediante la página impresa. También hay necesidad de los que oran por los evangelistas. Mientras algunos les hablan a las personas de Dios, quienes oran les hablan a Dios de las personas. El asunto es que los discípulos de Cristo deben participar en el evangelismo de alguna manera.

Si la luz de la evidencia bíblica lo indica de otro modo, ¿por qué alguien negaría la necesidad de participar en el evangelismo?

¿Por qué entonces una persona diría "No se espera que todos los creyentes evangelicen, sino solo quienes tienen dones de evangelismo"? Una razón es una aplicación indebida de Efesios 4:11. Sin embargo, la experiencia me ha enseñado que hay una razón más importante. Muchos se sienten culpables por no evangelizar y tienen miedo de hacerlo. Tratan de tranquilizar su conciencia diciendo: "Dios no espera que todos evangelicemos". Pero ¿no se honraría más a Dios al enfrentarnos a lo que nos impide evangelizar y aprender a hacerlo? Cuando los creyentes aprenden a hablar de Cristo con claridad y valor, el evangelismo es un deseo, no una exigencia. En vez de una píldora amarga, ¡se vuelve un flan de chocolate! Con debido adiestramiento, podemos buscar oportunidades de evangelizarlos en vez de temerles.

¿No hay otras razones para evangelizar?

Si alguien dice "Dios no espera que todos evangelicemos", esa persona debe hacer cuatro preguntas de sentido común.

Idea falsa 12

1. *¿Qué habría pasado si la persona que me habló del evangelio hubiera pensado "Dios no espera que yo evangelice"?* Si no sentimos necesidad alguna de hablarles a las personas de su destino eterno, ¿habríamos querido que las personas que nos guiaron a Cristo hubieran tenido la misma actitud?
2. *Si la vida eterna es el mayor don, ¿por qué no pasarla a otros?* Suponga que alguien le diera un millón de dólares. El donante dice entonces que todos a quienes usted conozca pueden recibir ese mismo regalo. ¿Se sentiría impulsado a decírselo a los demás? ¿Acaso no les diremos a las personas cómo pueden recibir también el regalo más grande imaginable, la vida eterna?
3. *¿Qué es lo único que puedo llevarme al cielo?* La respuesta es un amigo o conocido, ya que sea que lo hayamos conocido por treinta minutos o por treinta años. ¿Por qué no llevar a tantos amigos como sea posible para que quienes son amigos en la tierra sean amigos por la eternidad? Si no les decimos cómo pueden estar con nosotros en el cielo, debemos dudar de la profundidad de nuestro interés por ellos.
4. *¿Puedo decir que estoy creciendo como cristiano si no deseo ver que las personas se salven?* Cuando nos relacionamos íntimamente con alguien, lo que entusiasma a esa persona nos contagia. Nunca tuve interés en el esquí acuático. En realidad tengo un miedo paralizante del agua. Sin embargo, un buen amigo estaba tan entusiasmado con eso que comencé a pensar que me estaba perdiendo algo. Llegó a ser como un auto de lujo que nunca hubiera manejado, un mejor amigo que no hubiera conocido. Tuve que vencer mi temor y aprender a esquiar en el agua. ¡El entusiasmo de mi amigo era contagioso!

    ¿Estamos de veras creciendo en nuestra comunión con Cristo si lo que lo emociona a Él no nos emociona a nosotros? El corazón de Cristo palpita por los perdidos. Lucas 19:10 dice: "Porque el Hijo del Hombre vino a buscar y a salvar lo que se había perdido". Marcos 10:45 dice: "Porque el Hijo del Hombre no vino para ser servido, sino para servir, y para dar su vida en rescate por muchos".

Conclusión

La idea de que no se espera que todos los creyentes evangelicen —sino solo quienes tienen dones de evangelismo— es una idea falsa. Quienes tienen el don de evangelismo han de preparar a otros para que todo el cuerpo de Cristo pueda participar en ganar a los perdidos. Presentarles a otros a Cristo es parte del discipulado. Estar cerca del corazón de Cristo y seguirlo significa que debemos participar en el evangelismo de alguna manera. Además de la orden bíblica de evangelizar, hay otras razones. Debemos hacer a otros lo que nos gustaría que ellos nos hicieran. Si estamos agradecidos de que las personas nos hablaran del evangelio, debemos hablarles del evangelio a otros. Cuando aprendemos a hacerlo, mejoramos nuestras capacidades y vencemos el miedo de evangelizar.

Los cristianos que desean ser discípulos de Cristo deben de alguna manera participar en la evangelización.

Idea falsa 13

"A menos que esté dispuesto a apartarse de sus pecados, no puede ser salvo".

El argumento se presenta así:
"Para ir a Cristo, hay que cambiar radicalmente de postura. Se iba en una dirección y ahora hay que ir en otra. Debe abandonar lo malo que acostumbraba hacer y aferrarse a una nueva manera de vivir. Sin un cambio total, usted no es sincero, y por tanto no será salvo".

Cuando vamos a Cristo, Dios quiere que vivamos de la manera más santa que podamos para el Salvador. Primera Pedro 1:14-16 dice: "Como hijos obedientes, no os conforméis a los deseos que antes teníais estando en vuestra ignorancia; sino, como aquel que os llamó es santo, sed también vosotros santos en toda vuestra manera de vivir; porque escrito está: Sed santos, porque yo soy santo". Entonces nuestra meta diaria debe ser llevar una vida santa, apartándonos de todo lo que le desagrada a Él y haciendo todo lo que le agrada.

Sin embargo, el apartarnos de nuestros pecados no es requisito para la salvación. Decir que lo es confunde el *entrar* en la vida cristiana con el *vivir* la vida cristiana.

¿Dónde surge tal idea falsa?

Esa idea falsa surge de dos fuentes. La primera es una interpretación errónea del arrepentimiento. Se define erróneamente como "apartarse del pecado". Un pasaje citado es 1 Tesalonicenses 1:9: "Porque ellos mismos cuentan de nosotros la manera en que nos recibisteis, y cómo os convertisteis de los ídolos a Dios, para servir al Dios vivo y verdadero". Aunque no se emplea la palabra *arrepentimiento* en el versículo, se ve el pasaje como una descripción del arrepentimiento. Se define por consiguiente el arrepentimiento como un cambio de dirección. Sin embargo, este pasaje está describiendo la conversión de gentiles paganos. Adoraban dioses sin vida y objetos que no eran dignos de alabanza. Para su salvación, tenían que poner su fe en el único y verdadero Dios. Sí, se habían apartado de su pecado, pero ese pecado relacionado con el objeto de su adoración no con la dirección en que iba la vida de ellos. Sus falsos dioses no podían salvarlos. Solo Cristo podía.

El arrepentimiento, empleado en un contexto de salvación, quiere decir cambiar de actitud en cuanto a cualquier cosa que esté impidiendo que usted confíe en Cristo, y confiar en que Él lo salve. De pie en la colina de Marte, Pablo declaró: "Pero Dios, habiendo pasado por alto los tiempos de esta ignorancia, ahora manda a todos los hombres en todo lugar, que se arrepientan; por cuanto ha establecido un día en el cual juzgará al mundo con justicia, por aquel varón a quien designó, dando fe a todos con haberle levantado de los muertos" (Hch. 17:30–31). ¿De qué tenían que arrepentirse los oyentes de Pablo? Tenían que arrepentirse de su concepto erróneo de Cristo y confiar solamente en Él para su salvación.

Se mencionan determinados pecados respecto al arrepentimiento, pero el contexto es quiénes eran las personas y a quiénes adoraban. Ellos no reconocerían que eran pecadores ni que Cristo era el objeto de su fe. En Apocalipsis 9:20–21 leemos:

> Y los otros hombres que no fueron muertos con estas plagas, ni aun así se arrepintieron de las obras de sus manos, ni dejaron de adorar a los demonios, y a las imágenes de oro, de plata, de bronce, de piedra y de madera, las cuales no pueden ver, ni oír, ni andar; y no se arrepintieron de sus homicidios, ni de sus hechicerías, ni de su fornicación, ni de sus hurtos.

Idea falsa 13

El propósito del Evangelio según San Juan es decirnos cómo recibir la vida eterna (Jn. 20:31). Se nos dice noventa y ocho veces que creamos. Ni una sola vez se nos dice que nos arrepintamos. ¿Por qué? Creer, como Juan empleaba el verbo, es arrepentirse. Acudimos a Dios como pecadores, reconocemos que Cristo murió por nosotros y resucitó, y confiamos en que solamente Cristo nos salva. Cuando ponemos nuestra confianza en Cristo, han tenido lugar el arrepentimiento y la fe. Lo importante es reconocer que somos pecadores, no el apartarnos de nuestros pecados. Apartarse del pecado es el *fruto* del arrepentimiento, no la *condición* de la salvación. Al apartarnos del pecado mostramos nuestro deseo de seguir a Cristo. Debemos hacer "frutos dignos de arrepentimiento" (Mt. 3:8); pero apartarse del pecado no es un requisito bíblico para la salvación.

La segunda fuente de la idea falsa es un uso incorrecto de determinados pasajes bíblicos. Juan 8 habla de una mujer sorprendida en una relación adúltera. Las palabras de Cristo para ella fueron: "Ni yo te condeno; vete, y no peques más" (v. 11). Algunos preguntan: "¿No exige eso que ella se 'aparte de sus pecados' si ha de ir a Cristo?"

Sin embargo, el contexto es de importancia fundamental. Los escribas y los fariseos se autodesignaron como representantes espirituales de Dios para administrar la justicia divina. Llevaron a la culpable a Cristo, y sin duda la tiraron en el suelo arenoso frente a Él. La herida y la vergüenza que ella sintió deben de haber sido humillantes. En vez de reprenderla por su pecado, los reprendió a ellos por los suyos. Él pidió: "El que de vosotros esté sin pecado sea el primero en arrojar la piedra contra ella" (v. 7). Les hizo comprender dos cosas. En primer lugar, para ser sus representantes espirituales tenían que estar sin pecado. Y claro que no lo estaban. En segundo lugar, les hizo ver que, para Dios, el pecado es pecado. Cristo no dijo: "El que no haya adulterado..." Él dijo: "El que... esté sin pecado". La norma de Dios es la perfección. Quienes mienten son tan culpables delante de Dios como quienes se acuestan con alguien sin ser su cónyuge. "Acusados por su conciencia" (v. 9), se fueron quienes acusaban a la mujer.

Solo Cristo tenía el derecho de administrar la justicia divina. Su mensaje para ella fue consolador, no condenatorio: "Ni yo te condeno;

vete, y no peques más". Momentos antes era una marginada social sin amistades. Ahora sus enemigos no tenían importancia. Momentos antes se enfrentaba a la muerte. Ahora ella tenía razón para danzar. Podemos esperar que ella se apartara de su pecado, pero el contexto se concentra en quién es Cristo, y en lo que Él *no* hizo (condenarla). Jesús estableció como condición para aceptarla que ella no volviera a cometer adulterio.

Un segundo pasaje empleado como apoyo de esa idea falsa es la historia de Zaqueo en Lucas 19. Zaqueo aprovechaba su trabajo de recaudar impuestos para cobrar demás a las personas y quedarse con el sobrante. Las monedas robadas sonaban en su bolsa, pero reconoció su pecado cuando dijo: "He aquí, Señor, la mitad de mis bienes doy a los pobres; y si en algo he defraudado a alguno, se lo devuelvo cuadruplicado" (v. 8). En el Antiguo Testamento, si alguien robaba algo, esa persona tenía que devolver cuatro veces lo que se había robado. El robar una oveja exigía que se devolvieran cuatro (cp. Éx. 22:1). Zaqueo reconoció su condición pecaminosa.

Ante ese reconocimiento, Cristo exclamó: "Hoy ha venido la salvación a esta casa; por cuanto él también es hijo de Abraham" (v. 9). ¿Por qué? Cristo continuó: "Porque el Hijo del Hombre vino a buscar y a salvar lo que se había perdido" (v. 10). Varios comentaristas están de acuerdo en que la conversación entre Cristo y Zaqueo descrita en los versículos 9 y 10 tuvo lugar en la casa de Zaqueo *después* que puso su fe en Cristo. Esperaríamos que no volviera a engañar a nadie, pero no estamos seguros de eso. El texto no lo dice. Solo se nos dice que Cristo reconoció la actitud de Zaqueo de admitir su condición pecaminosa y perdida. Zaqueo personificaba a quienes Cristo vino a salvar, los perdidos. El propósito del pasaje no es subrayar lo que Zaqueo tenía que hacer, sino a quiénes vino a salvar Cristo, a los pecadores. No se puede ir a Cristo como una persona buena, moral y religiosa. Hay que ir de la manera que fue Zaqueo, como pecador.

Hablé con una joven en un avión cuando volvía de Florida. Me dijo que hacía poco conoció a un hombre a través de la Internet, y él la llevó a la Florida, donde pudieran comenzar una relación. Cuando ella llegó, él dijo que ya no le interesaba y la envió de vuelta a su casa.

Idea falsa 13

Le pregunté: "¿Dónde trabaja usted?" Ella respondió: "Es difícil hallar un trabajo cuando una está embarazada". Resulta que un hombre en Pensilvania la había dejado embarazada. Cuando le presenté el evangelio, ella me dijo que no estaba interesada en Jesucristo. ¿Su razón? Ella le había pedido que hiciera una serie de cosas por ella, como la sanidad del cáncer de su tío. El tío murió. Para ella, Cristo era un chasco y un fracaso. Ella veía varias maneras en que Cristo no había cumplido con ella, pero no veía ninguna forma en que ella no hubiera cumplido con Él. A pesar de su pecado, opinaba que era una mujer "recta". Mientras las personas no se consideren perdidas, no verán su necesidad de Cristo.

¿Cuál es el problema con la exhortación a "apartarse del pecado"?

La exhortación a "apartarse del pecado" llama a los inconversos a hacer lo que no pueden hacer. Pablo describió la condición de cada perdido:

> ...en los cuales anduvisteis en otro tiempo, siguiendo la corriente de este mundo, conforme al príncipe de la potestad del aire, el espíritu que ahora opera en los hijos de desobediencia, entre los cuales también todos nosotros vivimos en otro tiempo en los deseos de nuestra carne, haciendo la voluntad de la carne y de los pensamientos, y éramos por naturaleza hijos de ira, lo mismo que los demás. (Ef. 2:2-3)

Éramos hijos y esclavos de Satanás. Él nos poseía y dirigía. Solo con la presencia interior del Espíritu de Dios podemos decir *no* a Satanás y *sí* a Dios. Eso es lo que da trascendencia a las palabras de Cristo en Juan 8:36: "Así que, si el Hijo os libertare, seréis verdaderamente libres". Nuestra relación con Cristo nos libera del dominio de Satanás y del poder del pecado sobre nuestra vida. En la zona de los amish del condado de Lancaster, Pensilvania, se pueden ver muchos coches tirados por caballos. No se puede poner el coche delante del caballo, ya que este es la fuerza que tira del coche. El coche no puede tirar del caballo. De igual manera, solamente el poder que sacó a Jesucristo del sepulcro puede, cuando mora en nosotros, capacitarnos para que nos apartemos de nuestro pecado. Ese poder es nuestro al convertirnos y después de la conversión, no antes de la conversión.

El segundo problema con la exhortación a "apartarse del pecado" es que pasa por alto un requisito más fundamental. Debemos vernos como pecadores que merecemos estar separados de Dios. Dónde, cómo y cuándo nos apartamos de esos pecados solo importa *después* de ir a Cristo. Aun los fariseos se apartaban del pecado. Confesaban con orgullo, en realidad, que no eran como los demás hombres. El fariseo de Lucas 18 confesó: "Dios, te doy gracias porque no soy como los otros hombres, ladrones, injustos, adúlteros, ni aun como este publicano" (v. 11). El fariseo se cercioró de que Dios supiera lo que él *hacía*: "Ayuno dos veces a la semana, doy diezmos de todo lo que gano" (v. 12). Sin embargo, es lamentable que no se viera como pecador. El mismo párrafo también cuenta de un recaudador de impuestos que reconoció su condición pecaminosa: "Mas el publicano, estando lejos, no quería ni aun alzar los ojos al cielo, sino que se golpeaba el pecho, diciendo: Dios, sé propicio a mí, pecador" (v. 13). Puede esperarse que nunca más se aprovechara de su ocupación como recaudador de impuestos para estafar a las personas, pero no se nos dice. Sin embargo, se nos dice que reconoció su condición pecaminosa. Cristo declaró: "Os digo que éste descendió a su casa justificado antes que el otro; porque cualquiera que se enaltece, será humillado; y el que se humilla será enaltecido" (v. 14). Lo importante para la salvación es reconocer que somos pecadores, no cuándo y cómo nos apartamos de ese pecado.

El tercer problema con "apartarse del pecado" es que esa exhortación pasa por alto el Evangelio según San Juan. Al responder la pregunta "¿Qué debemos hacer para ir a Cristo?" al primer lugar al que debemos ir es al Evangelio según San Juan (vea Jn. 20:31). Al perdido se le pide que vaya a Dios como pecador, que reconozca que Cristo murió por él y resucitó, y que confíe solamente en Cristo para su salvación. Al ir a Cristo, Dios nos ayudará a apartarnos de aquellas cosas que son

Idea falsa 13

pecaminosas y destructivas. El Evangelio según San Juan subraya quiénes somos —pecadores— y qué debemos hacer: creer. Confía en que solamente Cristo salva. El énfasis está en quiénes somos y a quién vamos, no en aquello de lo que nos apartamos.

Un cuarto problema se relaciona con nuestra integridad. Supongamos que les dijéramos a los perdidos: "A menos que se aparten de su pecado, no pueden ser salvos". ¿Nos hemos apartado de los nuestros? No debemos maximizar los pecados de los demás y minimizar los nuestros. A menudo me preguntan: "¿Cómo se le da testimonio a un homosexual?" Mi respuesta es: "De la misma manera que se le da testimonio a cualquier otro. Se le explica que todos somos pecadores, que Cristo murió por nosotros y resucitó, y que tenemos que confiar en Cristo". El pecado de la homosexualidad pudiera ser ofensivo para nosotros, pero los malos pensamientos, las actitudes egoístas, la lengua mentirosa y el comer en exceso también son ofensivos para Dios. A menudo me siento tentado a decir: "¿Por qué no me preguntó: '¿Cómo se le da testimonio a una persona con mal genio? ¿Cómo se le da testimonio a alguien que es egoísta?'" Para Dios, el pecado es pecado. Cualquier pecado es una abominación ante sus ojos. Cuando les decimos a los demás que, a menos que se aparten del pecado, no pueden ser salvos, somos farisaicos y condenatorios. Imponemos a otros normas que nosotros no respetamos.

Hay aun otro problema, ya mencionado antes, con "apartarse del pecado". Confunde el entrar en la vida cristiana con el vivirla. Al ir a Cristo, ¿qué se nos exhorta a hacer? ¡A crecer! Segunda Pedro 3:18 dice: "Creced en la gracia y el conocimiento de nuestro Señor y Salvador Jesucristo". ¿Cómo crecemos? Crecemos mediante la Palabra. Segunda a Timoteo 3:16-17 explica: "Toda la Escritura es inspirada por Dios, y útil para enseñar, para redargüir, para corregir, para instruir en justicia, a fin de que el hombre de Dios sea perfecto, enteramente preparado para toda buena obra". Mediante la Palabra, Dios nos muestra qué debemos quitar de nuestra vida que no le agrada, y nos muestra qué poner en ella. A través del tiempo y del estudio, vivimos y crecemos como cristianos "apartándonos de nuestros pecados". Primero entramos en la vida cristiana, después la vivimos. No confunda los dos aspectos.

¿Qué nos exhortan a hacer las Escrituras?

En primer lugar, debemos ir a Él como pecadores. Lo importante no es cómo nos sentimos por nuestro pecado, sino cómo Dios se siente por el pecado. Lo importante no es si estamos dispuestos a apartarnos del pecado. Lo importante es si estamos dispuestos a reconocer que es pecado ante los ojos de Dios, digno de condenación eterna.

Supongamos que cierto hombre no está dispuesto a ir a Cristo porque tiene *miedo* de lo que Dios pudiera hacer con los pecados de que ha disfrutado. Si ese hombre disfruta tanto de su inmoralidad o de comer en exceso y, temiendo lo que Dios pudiera hacer, no está dispuesto a ir a Cristo, tiene que examinar Marcos 9:43-44: "Si tu mano te fuere ocasión de caer, córtala; mejor te es entrar en la vida manco, que teniendo dos manos ir al infierno, al fuego que no puede ser apagado, donde el gusano de ellos no muere, y el fuego nunca se apaga". Marcos emplea la misma terminología cuando habla del pie y del ojo. Nada que nos lleve al infierno vale la pena. ¿Lo que toca nuestra mano, adonde nos lleva nuestro pie o lo que ven nuestros ojos nos impide que vayamos a Cristo? Seríamos sabios si cortamos la mano, cortamos el pie y sacamos el ojo. Es mejor estar allí con uno solo que separado de Dios con dos.

Pero ¿cómo sabemos si las personas son sinceras o que solo quieren "seguro contra incendios"? El no querer ir al infierno es, en realidad, una muy buena razón para ir a Cristo. Es la razón por la que yo fui. No comprendía la vida victoriosa ni la necesidad de llevar una vida de gratitud por mi salvación. Yo no tenía conocimiento de la presencia interior del Espíritu Santo. Solo que no quería ir a un horrible infierno de fuego. Me consoló el saber que no iría allí si me entregaba a Cristo. Como pecadores que merecemos ser condenados eternamente por nuestro pecado, y el no querer ir al infierno es una buena razón para ir a Cristo. En ninguna parte de la Biblia se nos pide que probemos la sinceridad de las personas. Si son hipócritas, solo se engañan a sí mismas. Ellas son las únicas que pierden.

En la mayoría de los casos, cuando a las personas se les califica de hipócritas porque no obedecen lo que Cristo manda, rara vez

Idea falsa 13

tienen la culpa. Es probable que esas personas no supieran lo que estaban haciendo. No se presentó con claridad el evangelio o no hubo seguimiento. Pueden haber confiado en Cristo, pero tenían poco aliento para crecer o instrucción en cómo crecer. Si falta el seguimiento, los recién convertidos tal vez nunca comprendan que pueden no solo escapar del infierno sino también tener vida abundante como parte del conocimiento de Cristo.

En segundo lugar, al reconocer que somos pecadores, debemos confiar solamente en Cristo como nuestro único camino al cielo. Él pagó por esos pecados al morir como nuestro sustituto y al resucitar al tercer día. Nuestra confianza no puede estar en Cristo y en la vida transformada que planeamos vivir. Debemos confiar solamente en Cristo como nuestro único camino hacia la vida eterna. La salvación no se basa en Cristo más otra cosa, sino en Cristo y punto.

Por último, una vez que confiamos en Cristo, debemos reconocer que la vida cristiana no es una vida natural. Es una vida sobrenatural. Lucharemos con el pecado. Pablo dijo en Romanos 7:18-19: "Y yo sé que en mí, esto es, en mi carne, no mora el bien; porque el querer el bien está en mí, pero no el hacerlo. Porque no hago el bien que quiero, sino el mal que no quiero, eso hago". Podemos apartarnos del pecado un día y ser tentados por él al día siguiente. Con nuestras propias fuerzas, nuestra tentación será de hacer lo malo, no lo bueno.

No llevamos la vida cristiana; más bien Cristo la lleva por medio de nosotros. Pablo dijo en Gálatas 2:20: "Con Cristo estoy juntamente crucificado, y ya no vivo yo, mas vive Cristo en mí; y lo que ahora vivo en la carne, lo vivo en la fe del Hijo de Dios, el cual me amó y se entregó a sí mismo por mí". Cuando dependemos del Espíritu Santo que mora en nosotros, tenemos el poder para llevar la vida que Él quiere que llevemos. Gálatas 5 se refiere al fruto del Espíritu Santo, no del espíritu humano: "Mas el fruto del Espíritu es amor, gozo, paz, paciencia, benignidad, bondad, fe, mansedumbre, templanza" (vv. 22-23). Su Espíritu nos capacita para llevar una vida caracterizada por la justicia y no dominada por el pecado.

Conclusión

Al ir a Cristo, debemos vernos como pecadores y reconocerlo como nuestro único Salvador. Cuando las personas son cautivas de Satanás, debemos confiar solamente en Cristo —no en nuestra propia ayuda, en nuestras promesas sinceras ni en etapas de reforma— para ser libres de esos pecados. Solo mediante su sangre derramada en nuestro lugar podemos ser liberados de la condenación al castigo eterno que merecemos. Al confiar en Cristo, con su ayuda podemos llevar una vida nueva en la que nos "apartemos de nuestros pecados". Podemos vivir una vida, antes de la conversión y de la apropiación de su poder, no teníamos posibilidad alguna de vivir.

> **Dios no nos pide que nos apartemos del pecado para ser salvos. Él nos pide que nos llamemos pecadores y confiemos en que Cristo nos salve. Entonces Él nos ayuda a apartarnos de lo que le desagrada y a vivir la vida más santa que podamos.**

Idea falsa 14

"Si no ama a su hermano o hermana en Cristo, entonces no es salvo".

Algo la agobiaba. La conocía como una persona sincera, que no temía reconocer su debilidad. Pero las arrugas en su frente traicionaban el porte tranquilo que trataba de mostrar. Entonces contó lo que estaba perturbándola. "A veces no amo a las personas como debiera, o como otros aman, ni siquiera a las personas de mi iglesia. ¿Quiere eso decir que yo pudiera pensar que soy cristiana y no serlo?"

Pregúnteles a las personas: "¿Cuál debiera ser la característica predominante que distinga a casi todos los cristianos?" Casi sin excepción dicen "el amor". Debemos amar a los demás porque Él nos amó a nosotros.

¿Qué pasa si no amamos? ¿Significa eso que no somos cristianos? Basándose en dos pasajes bíblicos, alguien afirma: "Sí, eso quiere decir que esa persona no es cristiana".

¿Qué dice la Biblia?

Se usan dos pasajes para apoyar la idea de que, si no amamos a nuestros hermanos y hermanas en Cristo, no somos salvos. Ambos están en 1 Juan.

1 Juan 4:7-8

Primera Juan 4:7-8 dice: "Amados, amémonos unos a otros; porque el amor es de Dios. Todo aquel que ama, es nacido de Dios, y conoce a Dios. El que no ama, no ha conocido a Dios; porque Dios es amor". Es esencial que se interprete el pasaje en su contexto. Esos versículos se encuentran en 1 Juan, no en el Evangelio según San Juan. ¿Por qué es importante eso? Como he subrayado a lo largo de este libro, se escribió el Evangelio según San Juan para decirnos *cómo* obtener la vida eterna. Juan dice: "Éstas se han escrito para que creáis que Jesús es el Cristo, el Hijo de Dios, y para que creyendo, tengáis vida en su nombre" (Jn. 20:31). Juan nos dice que obtenemos vida eterna al creer; confiando en que solamente Cristo nos salva. En ninguna parte del Evangelio según San Juan es el amar a los demás una condición de la salvación.

Sin embargo, se escribió Primera Juan para decirnos cómo acercarnos a aquel en quien hemos creído, cómo tener comunión con Él. El propósito de Juan al escribir esa pequeña epístola se encuentra en 1 Juan 1:3-4: "Lo que hemos visto y oído, eso os anunciamos, para que también vosotros tengáis comunión con nosotros; y nuestra comunión verdaderamente es con el Padre, y con su Hijo Jesucristo. Estas cosas os escribimos, para que vuestro gozo sea cumplido". Recuerde que Juan empleó el verbo *creer* noventa y ocho veces en su evangelio. Empleó el verbo *permanecer* veintiséis veces en 1 Juan, explicando cómo tener comunión con Él. Conocemos a Cristo al creer; nos acercamos a Cristo al permanecer, al andar con Él cada día y depender de Él para que viva su vida por medio de nosotros.

La naturaleza de Dios es amorosa: "El amor es de Dios. Todo aquel que ama, es nacido de Dios, y conoce a Dios" (1 Jn. 4:7). La Biblia dos palabras distintas para *conocer*. Una significa "conocer algo como un hecho"; por ejemplo, los hechos le dicen quiénes son sus padres. La otra significa "conocer por experiencia"; habiendo vivido con sus padres, usted los conoce a un nivel más profundo. El verbo *conocer* en ese pasaje de 1 Juan quiere decir conocerlo mediante la experiencia de andar con Él.

Idea falsa 14

¿Qué pasa si no somos amorosos? El versículo siguiente dice: "El que no ama, no ha conocido a Dios". Juan no está diciendo que tal persona no lo ame como Salvador, sino que está diciendo que esa persona no anda cerca de Él. Si anduviera cerca de Él, y como Dios es amor, sería una persona amorosa.

Con eso en mente, observe lo que Juan dice cuatro versículos más adelante: "Si nos amamos unos a otros, Dios permanece en nosotros, y su amor se ha perfeccionado en nosotros". En 1 Juan, La cuestión de amar a los demás no es si hemos confiado en Cristo; es si estamos *permaneciendo* en Cristo.

1 Juan 4:20-21

En 1 Juan 4:20-21 leemos: "Si alguno dice: Yo amo a Dios, y aborrece a su hermano, es mentiroso. Pues el que no ama a su hermano a quien ha visto, ¿cómo puede amar a Dios a quien no ha visto? Y nosotros tenemos este mandamiento de él: El que ama a Dios, ame también a su hermano".

Cuando comprendemos el contexto de 1 Juan, se aclaran también esos versículos. El texto *no* dice "Si alguno dice: Creo en Cristo, y aborrece a su hermano, es mentiroso". Dice: "Si alguno dice: Yo *amo* a Dios, y aborrece a su hermano, es mentiroso". Se puede relacionar con Dios y aborrecer a su hermano. ¿Cómo luchan muchos cristianos en ese aspecto? ¿Lucha usted? No se puede *amar* a Dios y aborrecer al hermano. Como dice 1 Juan 4:21: "El que ama a Dios, ame también a su hermano". De modo que, si usted ama al Padre, tiene que amar a la familia.

No es *la relación* de una persona con Dios de lo que trata 1 Juan. Es la comunión de esa persona con Dios. Él no da vida eterna con estipulaciones añadidas. De modo que usted pudiera confiar en Cristo y seguir aborreciendo a su hermano. Sin embargo, no se puede amar a Dios y aborrecer al hermano. Amarlo a Él es amar a su familia.

El amor es un requisito del discipulado.

Una vez que confiamos en Cristo, Dios nos invita a que seamos sus discípulos. Además, un discípulo es "uno que aprende", alguien que sigue a Cristo y aprende más de Él. Aunque la salvación es gratuita, el discipulado puede ser costoso. A quienes serían sus discípulos, Cristo les advirtió: "Si alguno viene a mí, y no aborrece a su padre, y madre, y mujer, e hijos, y hermanos, y hermanas, y aun también su propia vida, no puede ser mi discípulo. Y el que no lleva su cruz y viene en pos de mí, no puede ser mi discípulo" (Lc. 14:26-27).

¿Qué deseaba Cristo de quienes serían sus discípulos? En Juan 13:34-35, Él dice: "Un mandamiento nuevo os doy: Que os améis unos a otros; como yo os he amado, que también os améis unos a otros. En esto conocerán todos que sois mis discípulos, si tuviereis amor los unos con los otros". Dos capítulos más adelante, repitió la misma exhortación: "Esto os mando: Que os améis unos a otros" (Jn. 15:17).

Cristo quitó todas las fronteras. Él llevó el amor hasta el punto que nuestra naturaleza humana no puede llevarlo. Él dijo: "Oísteis que fue dicho: Amarás a tu prójimo, y aborrecerás a tu enemigo. Pero yo os digo: Amad a vuestros enemigos, bendecid a los que os maldicen, haced bien a los que os aborrecen, y orad por los que os ultrajan y os persiguen" (Mt. 5:43-44). ¿La razón? Es fácil amar a quienes nos aman. Se requiere discipulado para amar a quienes nos odian. Cristo continuó: "Porque si amáis a los que os aman, ¿qué recompensa tendréis? ¿No hacen también lo mismo los publicanos? Y si saludáis a vuestros hermanos solamente, ¿qué hacéis de más? ¿No hacen también así los gentiles?" (vv. 46-47). Alguien ha dicho: "Amar a un amigo es natural. Amar a un enemigo es una actitud cristiana".

Sin permanecer en su amor no podemos amar a los demás. Si no amamos a los demás, no andamos en obediencia como discípulos. El amor es lo importante para el discipulado, no la salvación.

No solo tenemos su poder para hacer lo que nosotros no podemos hacer, también tenemos su ejemplo. Las Escrituras muestran cuán amoroso y perdonador es Cristo. Comprendemos lo profundo de su

Idea falsa 14

amor cuando tomó nuestro castigo en una cruz. Si pudo amarnos tanto, ¿cómo no podemos amar a los demás? Como dice 1 Juan: "Amados, si Dios nos ha amado así, debemos también nosotros amarnos unos a otros" (1 Jn. 4:11).

Hace años, cuando la Cena del Señor se estaba celebrando en una pequeña iglesia misionera de Nueva Zelanda, sucedió algo espectacular. Los adoradores se arrodillaron ante el altar. Se doblaron las rodillas y se inclinaron las cabezas. El aire estaba en calma. De repente, un joven se puso de pie y volvió a su asiento. Su rostro y su actitud mostraban su enojo. Sin embargo, pocos minutos después, con reverencia volvió al altar para participar de la Cena del Señor. Después un amigo le preguntó qué estaba pasando que iba de acá para allá. Él dijo: "Cuando primero me arrodillé, me encontré junto al hombre que mató a mi padre hace años. Él había derramado la sangre de mi padre, y juré matarlo como venganza. Mientras tomaba de la copa y veía el vino recordándome la sangre del Salvador, no pude participar con aquel asesino junto a mí, sobre todo conociendo el odio que había en mi propio corazón. Así que volví a mi banco. Pero cuando me senté allí, Me imaginé el aposento alto, con su mesa puesta. El vino y el pan estaban sobre ella. Las hierbas amargas, el cordero, todo estaba delante de mí en mi imaginación. Entonces oí una voz que dijo: 'En esto conocerán todos que sois mis discípulos, si tuviereis amor los unos con los otros'. Entonces vi una cruz con un hombre clavado en ella. La sangre se derramaba y se mezclaba con la arena que había debajo. La misma voz dijo: 'Padre, perdónalos, porque no saben lo que hacen'. Fue entonces cuando me levanté y volví al altar".[1]

Conclusión

"Si no ama a su hermano o hermana en Cristo, entonces no es salvo" es una idea falsa. Amar a los demás no es resultado de sencillamente ir a Cristo sino un resultado de *permanecer* en Cristo. De modo que el amor es un requisito del discipulado. Cuando permanecemos en

Él, tenemos su capacidad para amar a los demás —aun a nuestros enemigos— como Él nos amó a nosotros. Cuando amamos así, le mostramos al mundo que somos sus discípulos.

Amar a su hermano o a su hermana en Cristo no es una condición de la salvación. Es el resultado de la íntima comunión con Cristo y de seguirlo.

Idea falsa 15

"Si vienes a mí, te haré saludable y rico".

Se le llama "el evangelio de la salud y la riqueza". Alienta a las personas a orar por cualquier cosa, desde un Lexus hasta una casa junto al lago. Las exhortaciones son específicas. Si necesita mil dólares, pídale a Dios mil dólares. Si necesita cinco mil, pídale cinco mil. Si quisiera tener éxito en la inversión en acciones, pídaselo. Un predicador dijo: "Usted le dice a Dios lo que Él tiene que hacer por usted".

La idea se presenta así: "Dios no quiere que sus hijos vivan en pobreza o enfermedad. Ese es el plan del diablo, no el de Dios. Ahora que usted es cristiano, puede decirle al diablo: 'Aléjate de mí, Satanás. No voy a enfermarme ni a ser pobre nunca más'." Como resultado, el "evangelio de la salud y la riqueza" se ha empleado incluso para reprender a quienes tienen una enfermedad incurable: "Si tuviera suficiente fe, no estaría acostado allí enfermo y moribundo".

Los defensores enseñan que, si somos hijos del Rey, debemos vivir al igual que los niños de un rey. Tenemos derecho divino a "mencionarlo y a reclamarlo", así que dígale a Dios lo que usted espera y luego véalo ocurrir. Enfermedad y pobreza no son la voluntad de Dios para sus hijos, de modo que, si no tiene salud y riqueza, pudiera no haberse entregado a Cristo.

Es alarmante la manera en que se ha manipulado la Biblia en el desarrollo de esa idea falsa.

¿Qué apoyo bíblico usan esas personas?

Aunque se usan varios pasajes para apoyar esa enseñanza, cinco son los más usados.

Deuteronomio 8:18

> Sino acuérdate de Jehová tu Dios, porque él te da el poder para hacer las riquezas, a fin de confirmar su pacto que juró a tus padres, como en este día.

El Señor le da "poder para hacer las riquezas". De modo que, si no está teniendo prosperidad económica, se dice, algo anda espiritualmente mal.

Sin embargo, el pasaje es una advertencia, no una promesa. En los versículos 14-16, Dios le recuerda al pueblo cuatro cosas que hizo por ellos. Los sacó de Egipto, los guió por el desierto, les dio agua de una roca y los sustentó con maná en el desierto. Cada provisión era una prueba para ver si dependerían del Señor. ¿Reconocerían los dones de Dios o darían mérito a su poder? La tentación era decir: "Mi poder y la fuerza de mi mano me han traído esta riqueza" (v. 17). El no alabarlo llevaría a olvidarlo. Olvidarlo llevaría a adorar a otros dioses. Tal adoración resultaría en su destrucción, como había resultado en la destrucción de otras naciones. El capítulo termina: "Mas si llegares a olvidarte de Jehová tu Dios y anduvieres en pos de dioses ajenos, y les sirvieres y a ellos te inclinares, yo lo afirmo hoy contra vosotros, que de cierto pereceréis. Como las naciones que Jehová destruirá delante de vosotros, así pereceréis" (vv. 19-20).

El texto no promete prosperidad. Advierte del peligro de no dar mérito a Dios por cualquier prosperidad que tengamos.

Eclesiastés 11:1

> Echa tu pan sobre las aguas; porque después de muchos días lo hallarás.

Idea falsa 15

Se dice: "Déle al Señor lo que tenga. Él le devolverá multiplicado lo que usted dé". Específicamente empleada para referirse a la prosperidad económica, la idea es que usted no puede dar más que Dios. Él le devolverá más de lo que usted le dio.

El contexto explica el sentido. Un versículo más adelante leemos: "Reparte a siete, y aun a ocho; porque no sabes el mal que vendrá sobre la tierra". Uno nunca sabe qué desastre pudiera afrontar, y este versículo es una exhortación a la inversión prudente. "Echa tu pan sobre las aguas; porque después de muchos días lo hallarás" quiere decir "Envía el grano a través de los mares y con el tiempo obtendrás el pago". "Reparte a siete, y aun a ocho" quiere decir "No se lo juegue todo a una sola carta". Es decir, haga inversiones prudentes en varias empresas.

El párrafo se refiere al hecho de que la inversión en negocios promete algún rendimiento. Pero no se nos dice cuán grande será ese rendimiento. Algunas inversiones resultan en mejor rendimiento que otras. Este pasaje habla de trabajo y prudencia, no de promesa de prosperidad.

Malaquías 3:10

> Traed todos los diezmos al alfolí y haya alimento en mi casa; y probadme ahora en esto, dice Jehová de los ejércitos, si no os abriré las ventanas de los cielos, y derramaré sobre vosotros bendición hasta que sobreabunde.

El argumento es: Déle a Dios y observe lo que le devuelve. Si le da, tendrá prosperidad material. Lo que le dé son semillas que darán una cosecha abundante.

Sin embargo, esos versículos están en el contexto de un pacto de relación especial que Dios tenía con Israel. La ley mosaica de Deuteronomio 28 especificaba bendiciones por la obediencia y maldiciones por la desobediencia. Israel es la única nación con la que Dios entró en tal pacto.

Dios los había reprendido por quedarse con sus diezmos y ofrendas, y sufrieron sus maldiciones. Entonces Dios les pidió que se volvieran a Él (3:7). ¿Cómo se iban a volver? ¿Qué acciones específicas debían tomar? Tenían que llevar "todos los diezmos al alfolí". *Alfolí* se refiere a una habitación o a habitaciones del templo donde se almacenaba el grano diezmado (cp. Neh. 10:38; 13:12). Dios los bendeciría por consiguiente con prosperidad agrícola, y podían contar con campos fértiles y cosechas abundantes. Un versículo más adelante, Dios les dice que sus cosechas no serían destruidas por los insectos, que sus vides verdes no serían destruidas. Además, tendrían una buena reputación entre las naciones (Mal. 3:12). Lo único que impedía esa bendición era su falta de obediencia a sus órdenes. Además, la promesa de Malaquías está en el contexto del pacto mosaico para Israel. Hebreos 8:13 enseña que Dios ha hecho un nuevo pacto con nosotros, pero en ninguna parte de la Biblia se le dice a nación alguna que Dios tratará con ella de la manera que trató con Israel.

¿Promete Dios satisfacer las necesidades de quienes satisfacen las necesidades de su pueblo? Sí. Filipenses 4:19 nos alienta: "Mi Dios, pues, suplirá todo lo que os falta conforme a sus riquezas en gloria en Cristo Jesús". Como los filipenses satisfacían las necesidades del ministerio del evangelio (con su donación a Pablo), Dios a su vez satisfacía las necesidades de ellos. Sin embargo, el pasaje de Filipenses no es una promesa en blanco de que con nuestras ofrendas a Dios viene la prosperidad física y económica. Recuerde que Dios promete satisfacer *necesidades*, no deseos.

Juan 15:7

> Si permanecéis en mí, y mis palabras permanecen en vosotros, pedid todo lo que queréis, y os será hecho.

Sacando provecho de la frase "pedid todo lo que queréis", se da la idea de que si usted dice lo que desea, lo tendrá, "os será hecho". Se hace la aplicación: Si quiere una casa nueva o un auto nuevo, más dinero o un mejor trabajo, pida solamente. Será suyo.

Sin embargo, ese versículo se refiere a permanecer en Cristo. Solo

Idea falsa 15

cuando dependemos de Él somos fecundos. Observe dos versículos antes, donde leemos: "Yo soy la vid, vosotros los pámpanos; el que permanece en mí, y yo en él, éste lleva mucho fruto; porque separados de mí nada podéis hacer". Hemos de permanecer en Él de tal manera que nuestras voluntades se conformen a la suya, que deseemos hacer solamente lo que Él quiere que hagamos. Con esa conformidad a su voluntad, las oraciones de nuestros labios se ajustan a los deseos de su corazón. Como nuestros deseos son iguales a los suyos, podemos pedir lo que deseamos y lo recibiremos.

Además, este pasaje se refiere al fruto espiritual, no a las provisiones físicas. El versículo siguiente dice: "En esto es glorificado mi Padre, en que llevéis mucho fruto, y seáis así mis discípulos" (v. 8).

A diferencia de ser un versículo de "mencionarlo y reclamarlo", Juan 15:7 exhorta a la conformidad a la voluntad de Dios. Hay cosas más importantes que la prosperidad física y económica. Cuando nuestro corazón está cerca del suyo, nuestra voluntad y nuestros deseos corresponden con los suyos. Deseamos ser espiritualmente fecundos. Entonces podemos pedir lo que deseamos, sabiendo que se hará.

3 Juan 2

> Amado, yo deseo que tú seas prosperado en todas las cosas, y que tengas salud, así como prospera tu alma.

Algunos preguntarían: "¿Qué pudiera un deseo más evidente de buena salud y prosperidad?" Cuando el alma "prospera", somos cada vez más semejantes a Cristo, con la meta de vivir la vida más santa posible para Cristo. Por lo tanto, Dios quiere que nuestra salud física sea igual. Algunos sostendrían que esa frase "que tú seas prosperado en todas las cosas" incluye también las cuestiones económicas.

Sin embargo, Tercera de Juan es una carta personal a Gayo (v. 1), y el propósito de Juan era exhortarle a que mostrara hospitalidad a Demetrio (v. 12), un predicador viajero que también era el que llevaba la carta de Juan. Los versículos dos al seis muestran la espiritualidad auténtica de Gayo, y era el deseo de Juan que Gayo prosperara espiritual y físicamente. De modo que era evidente el interés del apóstol por el bienestar temporal y espiritual de Gayo. El versículo dos pudiera parafrasearse así: "Espero que te vaya bien tanto espiritual *como* físicamente".

Ese saludo nos anima a que oremos no solo por las necesidades espirituales de los demás, sino también por sus necesidades temporales. Extender la idea a otros aspectos no tiene el respaldo del texto. No se mencionan las finanzas. Además, si Gayo hubiera sufrido de alguna enfermedad, que sin duda a veces sufrió, Juan habría orado por su salud. Sin embargo, nada sugiere que le habría dicho: "Si tuvieras más fe, no estarías enfermo".

Muchos creyentes mencionados en las Escrituras no se beneficiaron física ni materialmente.

Por tanto, a los creyentes no se les promete salud ni riqueza. En realidad, algunos de los más grandes siervos de Dios no disfrutaron de prosperidad terrenal. Pero no se pone en duda su conversión ni se asocia con sus circunstancias físicas.

Considere la Epístola de Santiago.

Se escribió la epístola de Santiago para quienes pasaban por pruebas. Eran separados de los seres queridos, y habían perdido sus bienes. Viviendo en una época de persecución que amenazaba sus vidas, fueron dispersados por todo el Imperio Romano. Santiago escribió para decirles cómo soportar las pruebas y llevar la vida cristiana en medio de condiciones difíciles. Él escribió: "Tened por sumo gozo cuando os halléis en diversas pruebas, sabiendo que la prueba de vuestra fe produce paciencia" (Stg. 1:2-3). Santiago les recordó que su esperanza estaba en la venida del Señor, no en un cambio de circunstancias. Leemos: "Por tanto, hermanos, tened paciencia hasta la venida del Señor" (5:7).

Idea falsa 15

Considere al apóstol Pablo.

Pablo era un ejemplo tan bueno de la semejanza a Cristo que pudo decir: "Sed imitadores de mí, así como yo de Cristo" (1 Co. 11:1). Pero a veces se decaía su salud y sus recursos económicos eran escasos. Cualquiera que fuere la enfermedad física que tuviera (muchos creen que relacionada con sus ojos), le pidió a Dios tres veces que se la quitara. Cada petición fue rechazada. Él dijo: "Y para que la grandeza de las revelaciones no me exaltase desmedidamente, me fue dado un aguijón en mi carne, un mensajero de Satanás que me abofetee, para que no me enaltezca sobremanera; respecto a lo cual tres veces he rogado al Señor, que lo quite de mí" (2 Co. 12:7-8). Pablo recibió su respuesta, no en forma de sanidad, sino en fortaleza para soportar la enfermedad. Las palabras del Señor fueron: "Bástate mi gracia, porque mi poder se perfecciona en la debilidad" (v. 9). Con esa convicción, Pablo podía decir: "Por lo cual, por amor a Cristo me gozo en las debilidades, en afrentas, en necesidades, en persecuciones, en angustias; porque cuando soy débil, entonces soy fuerte" (v. 10).

Además, Pablo experimentó tiempos de gran carencia, no de gran prosperidad. Él quería más de Cristo, pero no más en el sentido material. Él estaba agradecido, por ejemplo, por el regalo que le dio la iglesia de Filipos, pero les recordó que ellos satisficieron su necesidad, no su contentamiento. Él dijo: "Sé vivir humildemente, y sé tener abundancia; en todo y por todo estoy enseñado, así para estar saciado como para tener hambre, así para tener abundancia como para padecer necesidad. Todo lo puedo en Cristo que me fortalece" (Fil. 4:12-13).

Aunque era una persona de profunda devoción espiritual, Pablo no disfrutó de buena salud y fortaleza física todo el tiempo, ni obtuvo riquezas.

Considere a los héroes de la fe.

Hebreos 11 menciona a héroes de la fe cuya vida se caracterizó por la enfermedad, la necesidad y el sufrimiento, no por la salud y la riqueza.

Otros fueron atormentados, no aceptando el rescate, a fin de obtener mejor resurrección. Otros experimentaron vituperios y azotes, y a más de esto prisiones y cárceles. Fueron apedreados, aserrados, puestos a prueba, muertos a filo de espada; anduvieron de acá para allá cubiertos de pieles de ovejas y de cabras, pobres, angustiados, maltratados; de los cuales el mundo no era digno. (He. 11:35-38)

Las Escrituras advierten contra el anhelo de prosperidad material.

El creyente ha de llevar una vida de contentamiento, no de codicia. Dos párrafos, uno de Proverbios y uno de 1 Timoteo, analizan la debida actitud.

Proverbios 30:7-8 dice: "Dos cosas te he demandado; no me las niegues antes que muera: Vanidad y palabra mentirosa aparta de mí; no me des pobreza ni riquezas; mantenme del pan necesario". El escritor reconoce la fragilidad del hombre y pide ayuda en aspectos de su mayor debilidad. Una es la protección de la mentira, y la otra es la provisión del pan cotidiano. Al pedir que se satisfagan sus necesidades, está consciente de las tentaciones de la riqueza y de la pobreza. La riqueza podía hacer que se olvidara de Dios y se convirtiera en un hombre "que ha triunfado por su propio esfuerzo", la pobreza podía hacer que se olvidara del carácter de Dios y se convirtiera en un ladrón. Entonces pidió estar contento con la provisión diaria.

En 1 Timoteo 6:6-10 Pablo puso de relieve que quienes han de ser pastores del rebaño como Timoteo tienen necesidad de contentamiento:

> Pero gran ganancia es la piedad acompañada de contentamiento; porque nada hemos traído a este mundo, y sin duda nada podremos sacar. Así que, teniendo sustento y abrigo, estemos contentos con esto. Porque los que quieren enriquecerse caen en tentación y lazo, y en muchas codicias necias y dañosas, que hunden a los hombres en destrucción y perdición; porque raíz de todos los males es el amor al dinero,

Idea falsa 15

el cual codiciando algunos, se extraviaron de la fe, y fueron traspasados de muchos dolores.

¿Por qué el contentamiento? Porque salimos del mundo igual que entramos: sin traer nada, ni llevarnos nada. Pablo no condena el dinero, sino el *amor* al dinero. Cuando se trata de bienes terrenales, lo importante es el contentamiento, no la codicia. Debemos estar satisfechos con lo que tenemos, y no anhelar más. No es malo desear más cosas materiales, siempre que honremos a Dios con ellas. Es malo cuando el deseo de prosperidad material anula todo lo demás.

Los creyentes deben concentrarse en lo que tienen en el mundo venidero, no en lo que tienen en este mundo.

No debemos concentrarnos en dónde vivimos ahora o en las circunstancias en las que estamos viviendo. Más bien la Biblia se concentra *en dónde* viviremos y *en quién* vivirá con nosotros. En Juan 14, por ejemplo, los discípulos estaban afligidos porque Cristo iba a dejarlos. El consuelo de Cristo fue: "No se turbe vuestro corazón; creéis en Dios, creed también en mí. En la casa de mi Padre muchas moradas hay; si así no fuera, yo os lo habría dicho; voy, pues a preparar lugar para vosotros" (vv. 1–2). ¿Qué hará espectacular el cielo? Estaremos donde Cristo está. En el versículo tres, Él continúa: "Y si me fuere y os preparare lugar, vendré otra vez, y os tomaré a mí mismo, para que donde yo estoy, vosotros también estéis". El cielo es un paraíso porque Cristo mismo está allí.

En realidad, somos ciudadanos allí y "peregrinos" aquí (1 P. 2:11). De modo que debemos concentrarnos en lo espiritual no en lo material, en las cosas eternas, no en las temporales. Pablo dice: "Si, pues, habéis resucitado con Cristo, buscad las cosas de arriba, donde está Cristo sentado a la diestra de Dios. Poned la mira en las cosas de arriba, no en las de la tierra" (Col. 3:1–2).

No tenemos derecho a exigir nada de Dios.

Dios es imponente, todopoderoso y supremo. Nadie está por encima de Él. Todo el mundo responde o responderá a Él. Viene un día "para que en el nombre de Jesús se doble toda rodilla de los que están en los cielos, y en la tierra, y debajo de la tierra, y toda lengua confiese que Jesucristo es el Señor, para gloria de Dios Padre" (Fil. 2:10–11). No merecemos nada bueno de su mano. En realidad, su misericordia nos protege de lo que merecemos, y su gracia nos da lo que no merecemos. Quebrantados, debemos preguntar: "¿Qué es el hombre, para que tengas de él memoria?" (Sal. 8:4). Nuestro aliento, nuestra energía, nuestra casa, nuestro trabajo, nuestros amigos, nuestro dinero y nuestro alimento son pruebas de su bondad. No merecemos nada. Se lo debemos todo.

Nunca en las Escrituras los creyentes con una debida actitud *exigen* nada de Dios. Pudieran luchar con sus métodos. Habacuc luchó. Él preguntó: "¿Cómo puede un Dios justo usar a una nación malvada como Babilonia para castigar a su pueblo escogido?" También en las Escrituras algunos pidieron sanidad a Dios. Pablo lo hizo. Oró por la salud de Epafrodito. Él dijo: "Pues en verdad estuvo enfermo, a punto de morir; pero Dios tuvo misericordia de él, y no solamente de él, sino también de mí, para que yo no tuviese tristeza sobre tristeza" (Fil. 2:27).

¿Es correcto pedirle a Dios provisiones físicas? Sí. En realidad, Cristo estimuló eso cuando enseñó a sus discípulos a que oraran: "El pan nuestro de cada día, dánoslo hoy" (Mt. 6:11). Pero no podemos exigir nada de Dios. Podemos esperar buenas cosas de un Dios bueno, pero no debemos tener la actitud de "decirle a Dios lo que debe hacer". Nuestra actitud debe ser la de hijos no merecedores que hacen peticiones a un padre bondadoso. Algo menos que eso ofende su santidad y muestra una desmentida de nuestra indignidad.

Idea falsa 15

Conclusión

La Biblia nunca vincula el evangelio con la salud ni con la prosperidad económica. Uno puede confiar en Cristo y no tener dinero alguno o morir de meningitis espinal en la sala de un hospital. Como creyentes, nuestra esperanza no está en lo que tenemos o esperamos tener en esta vida. Tal esperanza es, en el mejor de los casos, incierta (vea 1 Ti. 6:17). Nuestra esperanza está en lo que se nos ha prometido en la vida venidera.

Dios no les promete a sus hijos salud ni riqueza. La Biblia habla de quiénes somos en Cristo y lo que podemos esperar en la vida venidera.

Idea falsa 16

"Si vienes a mí, quiero toda tu vida o nada".

Todo o nada.
   Algunos dicen: "No puede encontrarse con Dios a medias. Si quiere ir a Cristo (es decir, confiar en Cristo como su Salvador), tiene que rendirse por completo a Él. Dios solo hará trato con usted si usted es serio con Él. Si no le da toda su vida, Él no quiere nada de su vida".
   A primera vista eso parece tener sentido, ¿no es así? Pero ¿cuál es el problema con esa enseñanza? ¿Por qué es una idea falsa?

¿Qué pasajes se usan para apoyar tal enseñanza?

Se emplean por lo general tres pasajes, pero su sentido se hace evidente por su contexto.

Mateo 6:24

> Ninguno puede servir a dos señores; porque o aborrecerá al uno y amará al otro, o estimará al uno y menospreciará al otro.

Cuando se emplea para apoyar la idea falsa, a menudo se omite el resto del versículo, pero continúa: "No podéis servir a Dios y a las riquezas". El versículo no trata de la salvación; Jesús se preparaba para hablar acerca de la preocupación. Como se considera el dinero

Idea falsa 16

un "curalotodo" para la preocupación, Jesús advirtió del peligro de permitir que el dinero se convierta en nuestro amo. El mensaje se da en el contexto de verdades en cuanto a quienes lo seguirían como discípulos. Al seguir a Cristo, uno tiene que servir a Dios. No puede servir al dinero.

Marcos 10:17–22

> Al salir él para seguir su camino, vino uno corriendo, e hincando la rodilla delante de él, le preguntó: Maestro bueno, ¿qué haré para heredar la vida eterna? Jesús le dijo: ¿Por qué me llamas bueno? Ninguno hay bueno, sino solo uno, Dios. Los mandamientos sabes: No adulteres. No mates. No hurtes. No digas falso testimonio. No defraudes. Honra a tu padre y a tu madre. Él entonces, respondiendo, le dijo: Maestro, todo esto lo he guardado desde mi juventud. Entonces Jesús, mirándole, le amó, y le dijo: Una cosa te falta: anda, vende todo lo que tienes, y dalo a los pobres, y tendrás tesoro en el cielo; y ven, sígueme, tomando tu cruz. Pero él, afligido por esta palabra, se fue triste, porque tenía muchas posesiones.

La pregunta del joven rico fue al grano: "¿Qué haré para heredar la vida eterna?" La respuesta de Cristo también fue al grano. No muchas cosas obstruían el camino de este hombre para heredar la vida eterna. Solamente una. Pero para el joven rico, esa sola cosa significaba darlo todo: "Anda, vende *todo* lo que tienes" (cursivas añadidas).

Observe la pregunta del joven: "¿Qué haré para heredar la vida eterna?" El verbo *heredar* en la literatura judía transmite la idea de que, para obtener la vida eterna, uno tenía que cumplir ciertas buenas condiciones. Pero antes de su confrontación con el joven rico, Jesús había subrayado: "El que no reciba el reino de Dios como un niño, no entrará en él" (v. 15). Otra idea judía común en aquella época era: "A quien el Señor ama, lo hace rico", viéndose las riquezas como indicio del favor divino. Fue desconcertante para el joven el descubrir que sus riquezas no le garantizarían la entrada en el cielo. Jesús dijo a sus discípulos: "Cuán difícilmente entrarán en el reino de Dios los que tienen riquezas" (v. 23).

Jesús conocía el corazón del joven. Si el amor a las riquezas era suficiente para impedir su entrada en el cielo, también le impediría seguir a Cristo si se hacía creyente. A fin de despojarlo de su fariseísmo y mostrarle su actitud equivocada, Cristo le hizo un llamado persuasivo al discipulado: "Anda, vende todo lo que tienes, y dalo a los pobres, y tendrás tesoro en el cielo; y ven, sígueme, tomando tu cruz". Afligido, el joven se fue.

Lejos de enseñar que, si vamos a Cristo, Él quiere toda nuestra vida o nada de ella, el pasaje se refiere a la lucha de ese joven con las prioridades. Tenía que depender de Cristo, no de sus riquezas, para ir al cielo. Las mismas riquezas que le impidieron aceptar a Cristo le habrían impedido convertirse en discípulo si hubiera sido cristiano.

Lucas 14:26-27

> Si alguno viene a mí, y no aborrece a su padre, y madre, y mujer, e hijos, y hermanos, y hermanas, y aun también su propia vida, no puede ser mi discípulo. Y el que no lleva su cruz y viene en pos de mí, no puede ser mi discípulo.

Para ser discípulo de Cristo, hay que entregar todo lo que se tiene en la vida. El amor a Cristo debe ser tan fuerte que el amor a todos los demás, incluso a sí mismo, parezca odio en comparación. Debemos estar dispuestos a sufrir el ridículo, la penuria y —si es necesario— la muerte por causa de Cristo. Las palabras de Cristo no dejaron lugar para la transigencia: "El que no lleva su cruz y viene en pos de mí, *no puede* ser mi discípulo" (cursivas añadidas).

Observe que la palabra *discípulo* se emplea dos veces en Lucas 14:26-27. Cristo estaba hablando del discipulado, no de la salvación. Recuerde que *discípulo* quiere decir "uno que aprende".

Dios quiere que vayamos a Él como pecadores, reconociendo que Cristo murió por nosotros y resucitó, y que confiemos en que solamente Él nos salva. Desde el momento en que confiamos en Cristo

Idea falsa 16

somos suyos para siempre. Su promesa es: "De cierto, de cierto os digo: El que oye mi palabra, y cree al que me envió, tiene vida eterna; y no vendrá a condenación, mas ha pasado de muerte a vida" (Jn. 5:24). A nosotros que somos sus hijos se nos invita a ser discípulos, a seguirlo y a aprender más acerca de Él. La salvación es tan sencilla como el recibir un regalo; el discipulado tiene un precio.

Jesús presentó dos ilustraciones acerca de ese precio; una acerca del costo de edificar una torre y la otra acerca del costo de declarar la guerra. Cristo explicó: "Porque ¿quién de vosotros, queriendo edificar una torre, no se sienta primero y calcula los gastos, a ver si tiene lo que necesita para acabarla?... ¿O qué rey, al marchar a la guerra contra otro rey, no se sienta primero y considera si puede hacer frente con diez mil al que viene contra él con veinte mil?" (Lc. 14:28, 31). El asunto es que: "Si vas a ser mi discípulo, harías bien en calcular el costo".

Para ser discípulos, debemos dar a Cristo absoluto control para que haga lo que quiera. Además, se trata del discipulado, no de la salvación; los dos no son sinónimos. La salvación es gratuita; el discipulado tiene un precio. Pero se promete una recompensa. Cristo les aseguró a sus discípulos: "Y cualquiera que dé a uno de estos pequeñitos un vaso de agua fría solamente, por cuanto es discípulo, de cierto os digo que no perderá su recompensa" (Mt. 10:42).

Una interpretación errónea de esos versículos no es el único problema. Se pasan por alto verdades que son fundamentales en el mensaje de salvación.

El medio de salvación se concentra en la obra pasada de Cristo, no en nuestras obras presentes o futuras.

¿Por qué muchos no entienden el sencillo mensaje de salvación? Trabajan duro para ganar todo lo que tienen, de modo que piensan que deben trabajar también para ganar la salvación. Eso hace sus obras presentes y futuras de importancia fundamental. Piensan que lo bueno que hagan debe superar lo malo, o no recibirán vida eterna.

El medio de nuestra salvación está en Cristo, no en mí; en su obra, no en la mía; en lo que ha ocurrido, no en lo que ocurrirá. En vez de concentrarnos en lo que Él desea que hagamos por Él, Cristo quiere que comprendamos lo que ya Él ha hecho por nosotros. El evangelio se concentra en lo que Él hizo: Él pagó por nuestro pecado. ¿Cómo? Él, una persona perfecta, tomó nuestro lugar, y ese sacrificio fue suficiente para pagar por todos los pecados de todas las personas de todos los tiempos. Así que no soy salvo por la vida que le doy sino mediante su vida que Él dio por mí. Como Él murió en nuestro lugar, Cristo pudo decir: "Consumado es" (Jn. 19:30). El sacrificio de su vida era, en realidad, tan completo que Hebreos 10:12 nos dice: "Pero Cristo, habiendo ofrecido una vez para siempre un solo sacrificio por los pecados, se ha sentado a la diestra de Dios".

Nuestra salvación es recibir un regalo, no negociar con Dios.

Dios no da el don de la salvación con condiciones. La salvación no ocurre en la plataforma de subastas con Dios diciendo: "Si hice esto por ti, ¿qué harás tú por mí?" Más bien, la salvación es lo que la Biblia llama un don. En Efesios 2:8-9 se nos dice: "Porque por gracia sois salvos por medio de la fe; y esto no de vosotros, pues es don de Dios; no por obras, para que nadie se gloríe". Cristo no está diciendo: "Haré esto por ti solo si haces eso por mí". Dios dice: "Mira lo que he hecho por ti. Mi Hijo murió como tu sustituto y resucitó. Él derramó su sangre en tu lugar. ¿Puedo darte el don de vida eterna comprado con esa sangre?"

Un regalo no es un regalo si tengo que ganarlo; solo es un regalo si no hay condición alguna. Por lo tanto, no somos salvos en base a Cristo más nuestra vida buena; somos salvos solo gracias a Cristo. Uno no es justificado delante de Dios cuando negocia con Dios. Somos justificados cuando confiamos solamente en Cristo para ser salvos.

Mi esposa, Tammy, y yo íbamos rumbo a Boston de vacaciones. Pero habían aceptado demasiadas reservaciones para el vuelo y no pudimos sentarnos juntos. Nos sentamos algunos asientos aparte, pero esa fue la cita de Dios. El hombre sentado junto a mí, una persona

Idea falsa 16

sociable, comenzó a hablar de inmediato. Al saber que yo estaba en el ministerio, me dijo que enseñaba a alumnos de séptimo grado en una de las más grandes iglesias evangélicas de Dallas. No recuerdo cómo entramos en eso, pero pronto yo estaba explicando el sencillo plan de salvación de Dios. Él estaba asombrado y entusiasmado. Le pregunté si había entendido eso antes, y me respondió: "Siempre oí que Cristo murió por nosotros, pero nunca comprendí que hay que confiar *solamente* en Él para la salvación". Creía que tenía que negociar con Dios para ser salvo, y pensaba que quizás, si enseñaba a los jóvenes de la iglesia, entonces Dios lo dejaría entrar en el cielo. Allí, a 35.000 pies sobre el nivel del mar, aquel hombre confió en Cristo. Después me dijo cuán agradecido estaba de que Dios nos permitiera sentarnos juntos. Intercambiamos direcciones, de modo que pude enviarle un folleto acerca de cómo crecer como cristiano. El mensaje del evangelio es muy sencillo, pero millones no lo entienden. La salvación es recibir un regalo por el que ya se ha pagado, no negociar con Dios.

El entregar mi vida es una respuesta de gratitud porque Cristo me dio la suya.

¿Puede alguien ir a Cristo con reservas en cuanto a rendirse por completo a Él? Seguro que sí. Lo importante es reconocer que somos pecadores que necesitamos salvación, no el rendir nuestra vida. Poco antes de su crucifixión, Jesús oró: "Padre mío, si es posible, pase de mí esta copa; pero no sea como yo quiero, sino como tú" (Mt. 26:39). Cristo se rindió a la voluntad de Dios, y su rendición a Dios asegura nuestra salvación, no nuestra rendición a Él.

Cualquiera que haya confiado en Cristo debe querer agradarle. Así que debemos estar dispuestos a rendir nuestra vida para lo que Dios quiera usarla. Pero "entregarse por completo" es parte del crecimiento y del discipulado. No es una condición de la salvación. El sacrificio de mi vida es una respuesta al sacrificio de la suya. En Romanos 1-11, Pablo puso en claro que judíos y gentiles por igual recibieron, mediante la fe, el mayor don que hay: la justicia de Cristo imputada. Eso permite que seamos completamente justos delante de Dios. Con eso en mente,

21 cosas que Dios jamás dijo

Pablo exhortó en Romanos 12:1-2: "Así que, hermanos, os ruego por las misericordias de Dios, que presentéis vuestros cuerpos en sacrificio vivo, santo, agradable a Dios, que es vuestro culto racional. No os conforméis a este siglo, sino transformaos por medio de la renovación de vuestro entendimiento, para que comprobéis cuál sea la buena voluntad de Dios, agradable y perfecta".

A diferencia de los sacrificios del Antiguo Testamento, a los que se les daba muerte, hemos de ser sacrificios vivos, separados y agradables a Dios. En vez de conformarse al mundo, cada uno de nosotros tiene que conformarse a su voluntad. Tiene que ser transformada mi mente para que Él domine mi actitud, mis pensamientos y mis acciones. Cuando eso ocurre, descubro la "buena voluntad de Dios, agradable y perfecta". Vivir rendido a Él es la manera más agradable y productiva que pudiera yo vivir.

Aunque confiaba en Cristo desde principios de mi adolescencia, no me rendí a Él hasta años después. Pudiera usted reírse de mi razón, pero para mí era algo serio. Me encantan las actividades al aire libre, y sobre todo deportes como la caza. En realidad, Dios usó las actividades al aire libre para llevarme a Cristo. Cuando reflexionaba sobre la naturaleza, sabía que tenía que haber un Dios. ¿Por qué la cabeza del faisán macho tiene vivos colores rojo, negro y verde, pero la cabeza de la hembra es de un tenue marrón? Me maravillaba ante la complejidad de un terreno arado y ante la corteza áspera y curvilínea de un árbol, ante las blancas estrellas que parpadean en el aterciopelado cielo oscuro. Comparaba la delicada velocidad de un venado con el ritmo lento y pesado de una tortuga y me maravillaba ante la creación de Dios. ¿Por qué creó ardillas que suben a los árboles para esconderse, pero creó conejos que corren y se esconden en los arbustos junto al mismo árbol? Me encantaba el fresco olor de lluvia que había en el aire después de una tormenta. Observaba el arroyo poco profundo que serpenteaba a lo largo de nuestra propiedad. El agua transparente del manantial del bosque era tan pura y fría, era la más refrescante de las bebidas. Cuando consideraba lo que veía, me sentía impresionado. Pero yo estaba también vacío. Así que comencé a estudiar la Biblia y conocí a Cristo a través de ese estudio. Sí, Dios

Idea falsa 16

me llevó desde la creación hasta el Creador, a Cristo. Aunque sabía que estaría con Él para siempre, no estaba seguro en ese momento de que quisiera entregarle mi vida toda. Consideraba el rendirme como sufrimiento y nada divertido. No pensaba que Él me permitiría disfrutar de algo emocionante. La verdad es que pensaba que Él no me permitiría volver a cazar. Temía que me quitara lo que tanto amaba. Después de todo, ¿no eran sinónimos rendirse y sacrificarse? Así que traté de negociar con Dios. Él tenía diez meses de doce; yo me quedaba con dos, el tiempo que dura la temporada de caza. Eso parecía justo.

Una noche en el instituto bíblico escuché un himno que se refería al discipulado. Todavía recuerdo la letra:

> Úsame, Cristo, y, oh Señor, no me rechaces.
> de seguro hay un trabajo que puedo hacer;
> y, aunque sea modesto,
> ayuda a que mi voluntad se humille;
> aunque el precio sea grande,
> trabajaré para ti.[1]

Siempre me había gustado la melodía pero había pasado por alto el mensaje. Para entonces no había sido cristiano durante varios años, y entendía lo que Cristo había hecho por mí. Pero aquella noche, mientras consideraba aquellas palabras, era como si Jesucristo estuviera frente a frente conmigo. Sentí que me decía: "Larry, el problema contigo es que, cuando se trata de seguirme, hablas mucho y no haces nada". Aquella noche dije: "Señor, mi vida es tuya por completo". Aquella noche fue el comienzo de la mayor aventura que yo haya conocido. Es más divertido de lo que hubiera pensado que sería. Cualquier sacrificio ha valido la pena. He ganado, no perdido. Pero estoy agradecido de que, cuando Él me salvó, era una persona no preparada para rendirme por completo a Él. En el momento en que confié en que Cristo me salvara, Él me dio vida eterna basándose en su vida, no en la mía. Años después descubrí el gozo de rendirse.

El entregar nuestra vida es una respuesta a la entrega de la suya. No es un requisito de la salvación; es una respuesta a la salvación. Si no hay tal entrega, la vida eterna sigue siendo nuestra. Sin embargo, el creyente no rendido se pierde el gozo presente y la recompensa futura que hay en una vida rendida a Dios. Rendirme es mi manera de decirle: "A la luz de lo que has hecho por mí al darme tu vida, quiero expresar mi gratitud al dar la mía".

Conclusión

¿Quiere Dios toda nuestra vida? Sí, Él quiere nuestro discipulado después de la conversión. Pero Él no da la salvación basándose en una promesa que le hacemos a Dios. Él la da basándose *únicamente* en una provisión que Él hizo para nosotros. Esa provisión fue la muerte de Cristo en una cruz, y su muerte aseguró nuestra vida eterna. Como pecadores, somos aceptados por Dios no en base a lo que planeamos hacer con nuestra vida, sino en base a lo que Cristo hizo con su vida.

Rendir nuestra vida a Él es una cuestión de discipulado, no de salvación. Somos aceptados por Dios en base a lo que hizo Cristo en la cruz como nuestro sustituto, no en lo que planeamos hacer con nuestra vida.

Idea falsa 17

"Como yo, Dios, soy soberano y salvaré a quienes elija, no necesito tu ayuda".

Él habló sin reserva. "Lo que impide que yo evangelice es que creo firmemente en lo que la Biblia llama elección. Dios va a salvar a quienes Él quiera y Él no necesita mi ayuda".

¿Es Dios soberano? ¿Significa "vuestra elección" (1 Ts. 1:4) que Él no necesita nuestra ayuda en la evangelización?

No es bíblico usar la enseñanza bíblica acerca de la elección como excusa para no evangelizar. Dos hechos se confirman mutuamente: el primero, sí, Dios es soberano; el segundo, Él no solo ha predeterminado el fin, sino también el medio.

Dios es soberano.

Uno de los pasajes más contundentes acerca de la soberanía de Dios en nuestra salvación es Efesios 1:3-5:

> Bendito sea el Dios y Padre de nuestro Señor Jesucristo, que nos bendijo con toda bendición espiritual en los lugares celestiales en Cristo, según nos escogió en él antes de la fundación del mundo, para que fuésemos santos y sin mancha delante de él, en amor habiéndonos predestinado para ser

adoptados hijos suyos por medio de Jesucristo, según el puro afecto de su voluntad.

Las dos frases "habiéndonos predestinado para ser adoptados hijos suyos" y "según el puro afecto de su voluntad" presenta la inconfundible descripción de que en realidad Dios está en control. Así de claras son las palabras de Pablo a la iglesia de Tesalónica cuando expresó su gratitud a Dios por su salvación y los exhortó a que "[anduvieran] como es digno de Dios, que os llamó a su reino y gloria" (1 Ts. 2:12). Las palabras de Pablo fueron concluyentes: Dios los escogió.

Con énfasis en la soberanía de Dios, también la Biblia se refiere a los escogidos. Pablo exhortó a los creyentes de Colosas: "Vestíos, pues, como escogidos de Dios, santos y amados, de entrañable misericordia, de benignidad, de humildad, de mansedumbre, de paciencia" (Col. 3:12).

De modo que Dios es soberano, y el énfasis de la Biblia en la predestinación y la elección es indudable. ¿En qué se basan las dos? Romanos 8:28–30 señala su presciencia:

> Y sabemos que a los que aman a Dios, todas las cosas les ayudan a bien, esto es, a los que conforme a su propósito son llamados. Porque a los que antes conoció, también los predestinó para que fuesen hechos conformes a la imagen de su Hijo, para que él sea el primogénito entre muchos hermanos. Y a los que predestinó, a éstos también llamó; y a los que llamó, a éstos también justificó; y a los que justificó, a éstos también glorificó.

¿A quiénes conocía Dios de antemano? Algunos afirman que Él sabía quiénes confiarían en Cristo y quiénes no y, por consiguiente, los escogió para que fueran salvos. Sin embargo, eso no es lo que dice la Biblia. Además, si *los que confiaran o no confiaran en Cristo* fuera el énfasis de "los que antes conoció" pudiera decirse que el hombre, y no Dios, está en control de la situación.

Idea falsa 17

Hasta que lo veamos cara a cara, no sabremos todo lo que quiere decir con "a los que antes conoció". (Para un análisis más completo de este tema, se remite al lector al libro del autor *Free and Clear* [Gratuito y claro], Kregel Publications, 1997.) Sí sabemos que los que antes conoció tenían una relación con su elección. Los escogidos son aquellos a quienes "antes conoció" y son escogidos para que sean sus hijos para siempre.

En el evangelismo, es un consuelo saber que Dios lo domina todo. Si la persona a quien hablamos no confía en Cristo, la condición perdida de esa persona no es nuestra responsabilidad. Dios está definitivamente en control.

¿Niega la soberanía de Dios la responsabilidad del hombre de confiar en Cristo? No. Hay pruebas en varios pasajes. En Juan 3:17-18, leemos: "Porque no envió Dios a su Hijo al mundo para condenar al mundo, sino para que el mundo sea salvo por él. El que en él cree, no es condenado; pero el que no cree, ya ha sido condenado, porque no ha creído en el nombre del unigénito Hijo de Dios".

¿Por qué está condenada una persona perdida? "Porque no ha creído en el nombre del unigénito Hijo de Dios", lo que quiere decir que esa persona rechazó a Cristo. Sí, Dios es soberano, pero cada persona sigue siendo responsable; podemos recibir o rechazar la oferta de Dios de vida eterna. Para muchos, el concepto de la soberanía de Dios y el libre albedrío sonará raro. Pero a menudo a la Biblia se le llama un libro de "opuestos armoniosos". Dos cosas pudieran parecer opuestas pero están en realidad en armonía. Eso es así en cuanto a la soberanía de Dios y el libre albedrío. Dios es soberano y ha escogido a algunos para que estén con Él para siempre, pero cada persona sigue siendo responsable y debe recibir la oferta de Dios de vida eterna. Aunque la soberanía de Dios y el libre albedrío del hombre nos parezcan conceptos opuestos, están en armonía ante los ojos de Dios. Cuando lo veamos cara a cara, esa armonía será evidente. Veremos las cosas desde su perspectiva, no desde la del hombre.

Dios no solo ha predeterminado el fin, sino también el medio.

¿Cómo oyen los escogidos las buenas nuevas del Salvador? Las personas son los mensajeros de Dios. Examine Romanos 10:14-15, 16-17:

> ¿Cómo, pues, invocarán a aquel en el cual no han creído? ¿Y cómo creerán en aquel de quien no han oído? ¿Y cómo oirán sin haber quien les predique? ¿Y cómo predicarán si no fueren enviados?... Mas no todos obedecieron al evangelio; pues Isaías dice: Señor, ¿quién ha creído a nuestro anuncio? Así que la fe es por el oír, y el oír, por la palabra de Dios.

La fe se basa en el oír, pero ¿cómo puede alguien oír si nadie le predica? El método de Dios es personas evangelizando a las personas. Si pudiera encontrarse una excepción en las Escrituras, sería en Hechos 9, la conversión de Pablo en el camino hacia Damasco. Aun allí, pudiera argumentarse que, como Hechos 9:1 nos dice que Saulo estaba "respirando aún amenazas y muerte contra los discípulos del Señor", pudo haber oído el mensaje de aquellos discípulos. ¿Por qué otra cosa estaría persiguiéndolos? Con raras excepciones, la forma en que Dios llega a las personas es por medio de otras personas.

Pudiera Dios enviar ángeles para difundir las buenas nuevas, o pudiera usar su propia voz para proclamar el evangelio al mundo entero. Después de todo, Él es Dios, y tiene ese poder. Pudo haber escogido cualquier método que hubiera querido, pero decidió que las personas ganaran a las personas.

En realidad, la decisión de Dios de usar a las personas está entre las primeras y las últimas cosas que enseñó Cristo. Lo primero que Cristo enseñó a sus discípulos fue: "Venid en pos de mí, y os haré pescadores de hombres" (Mt. 4:19). Sabían escamar un pescado apestoso; no sabían pescar hombres. Si seguían a Cristo, Él les prometió enseñarles todo lo que necesitaban saber para llevar a las personas a Él. Una de las últimas cosas que Cristo dijo a sus discípulos se conoce por lo general

Idea falsa 17

como la Gran Comisión: "Por tanto, id, y haced discípulos a todas las naciones, bautizándolos en el nombre del Padre, y del Hijo, y del Espíritu Santo; enseñándoles que guarden todas las cosas que os he mandado; y he aquí yo estoy con vosotros todos los días, hasta el fin del mundo" (Mt. 28:19-20). Debían ganar a los perdidos y discipularlos para que ganaran a otros. Debían ir desde las orillas arenosas del lago hasta los pueblos y luego a las grandes ciudades.

Entonces Dios determinó el medio —personas ganando a las personas—, no solo el fin. Pero se emplean muchos métodos para alcanzar ese fin. Pudiera hacerse al ayudar en una campaña evangelística, en la distribución de un tratado, en un himno, en el testimonio personal o en predicar el evangelio a una multitud. Pero Dios ha ordenado de antemano que las personas evangelicen a las personas.

La siguiente fábula ilustra con toda claridad el plan de Dios: Cuando Jesús ascendió al cielo después de su misión en la tierra, los ángeles le preguntaron: "¿Cumpliste tu tarea?" El Señor respondió: "Sí, todo está terminado. Pagué por los pecados del mundo". Los ángeles preguntaron: "¿Ha oído de ti el mundo entero?" Cristo respondió: "No, no todavía". Ellos preguntaron: "¿Cuál es entonces tu plan?" Jesucristo explicó: "Dejé a doce hombres y algunos otros discípulos para llevar el mensaje al mundo entero". Entonces los ángeles preguntaron: "Si eso no da resultado, ¿cuál es el plan B?" Jesús respondió: "No hay ningún plan B".

No hay otro plan. El plan de Dios es que las personas evangelicen a las personas.

Mientras estaba en California, hablé con un hombre llamado David que participaba en el plan de Dios de ganar a las personas. Cuando hablé en una conferencia de hombres a la que él asistía, me habló de su suegro, Bob, que fue a Cristo mediante nuestro tratado "¿Me permite hacerle una pregunta?" (vea el *Apéndice*). Cuando le dio a Bob el tratadito azul, David no comprendía su efecto. Ni siquiera sabía si Bob era una persona que se impresionaba con facilidad. Un día, meses después, Bob entró en el auto de su yerno y vio un ejemplar del tratado "¿Me permite hacerle una pregunta?" que había caído en el piso del auto. Bob lo recogió y lo leyó en voz alta: "¿Alguna vez alguien ha tomado la Biblia y le ha mostrado cómo puede estar seguro de que va al cielo?" Sonriéndole a su yerno, Bob dijo: "Sí, mi yerno lo hizo". Resultó que Bob había confiado en Cristo algún tiempo después de su conversación. Ahora sabe a ciencia cierta que va a ir al cielo. David fue a su casa y le dijo a su esposa que el padre de ella había confiado en Cristo, y con lágrimas que le corrían por las mejillas, ella se regocijó con su esposo. Varios meses después, murió Bob.

Es irrefutable que Dios es soberano. También es irrefutable que Él ha predeterminado el fin y el medio. Pero es incorrecto usar la soberanía de Dios como excusa para no evangelizar. Debe subrayarse un asunto más.

Quienes tienen una perspectiva bíblica de la eternidad *quieren* ganar a los perdidos.

La Biblia nos exhorta a que llevemos una vida desde la perspectiva del cielo. Imagínese que está de pie delante del Salvador. En ese momento, ¿qué será lo más importante de su vida? Haga ahora eso que es lo más importante. Si lo hace, cuando esté delante de Cristo, no sentirá pesar alguno.

Desde una perspectiva eterna, lo importante son las personas. Quienes tienen una perspectiva bíblica del evangelismo quieren ganar a los perdidos. Quieren vivir por lo que importa. Están contentos de que Dios quiera usarlos para poblar el cielo. En vez de decir "Él no necesita mi ayuda", dicen "Estoy seguro de que quiere mi ayuda".

Sandy es una joven muy agradable que trabajó en nuestra oficina durante varios años. Cuando trabajó con nosotros, vi crecimiento tanto en su interés por los perdidos como en su deseo de ganarlos para Cristo. Una noche, mientras volvía a su casa en el autobús, un hombre la vio leyendo un libro acerca de las cosas espirituales. Él le preguntó: "¿Es usted cristiana?" Ella dijo: "Sí, ¿por qué?" Él dijo: "¿Sabe lo que más me molesta de los cristianos?" Sandy es tímida por naturaleza, y puedo apenas imaginarme los latidos acelerados de su corazón, temerosa de lo que el hombre pudiera decir. Ella respiró

Idea falsa 17

profundamente y preguntó: "¿Qué es?" Él dijo: "Ellos nunca le dicen a uno cómo ir al cielo". Entonces ella dijo: "Le explicaré", y tomó una Biblia y lo guió a Cristo. Ella quería ganar a los perdidos, y Dios la usó para que lo hiciera. Dios en su soberanía puso a Sandy y a aquel hombre juntos en el autobús. Sandy decidió responder en obediencia y le habló de la verdad del plan de salvación de Dios.

Lewis Sperry Chafer, fundador del Seminario Teológico de Dallas, escribió acerca de la oración relacionada con el evangelismo en su libro, *True Evangelism* [Evangelismo genuino]. Él dijo: "Así que en las Sagradas Escrituras y en la experiencia se revela que Dios ha honrado al hombre con un lugar exaltado de colaboración y asociación con Él en sus grandes proyectos de transformación humana".1

Conclusión

La enseñanza que dice "Como Dios es soberano y salvará a quienes elija, Él no necesita nuestra ayuda" es una idea falsa. Al ser soberano, Dios ha predeterminado el fin, una verdad que nos trae consuelo en la evangelización. Los resultados están en sus manos. Pero también ha determinado el medio: las personas ganando a las personas. Descuidar nuestra responsabilidad en la evangelización es descuidar una responsabilidad dada por Dios. Dios quiere que los perdidos vayan a Cristo. Él ha predeterminado que, como discípulos suyos, seamos los medios a través de los cuales Él llega a ellos.

> **Dios es soberano. Sus escogidos irán a Él. También ha determinado cómo serán evangelizados: Por medio de su pueblo.**

Idea falsa 18

"Para evangelizar al miembro de una secta, hay que saber lo que la secta cree".

"Mi hija se casó con un adventista del séptimo día. ¿Puede explicarme lo que creen para que yo pueda saber cómo hablarle de Cristo?"

"Estoy dándole testimonio a una mujer mormona que siempre saca el *Libro de mormón*. ¿Dónde puedo conseguir un ejemplar para leerlo antes de hablar con ella?"

"¿Qué libro recomendaría usted acerca de los Testigos de Jehová? Estoy tratando de hablarle a uno. Necesito saber lo que creen".

"Desde el 11 de septiembre, he estado consciente de que no sé lo que creen los musulmanes. Tal vez yo deba tomar una clase que explique la fe musulmana a fin de ser más eficiente con ellos".

Es probable que usted haya oído ese tipo de comentario. Ellos dicen: "Para evangelizar al miembro de una secta, hay que saber lo que la secta cree".

¿Por qué es esa una idea falsa? Antes de tratar esa cuestión, hay que responder a dos preguntas.

¿Qué es una secta?

Una secta es cualquier grupo de personas o sistema de creencia que no se adhiere a las doctrinas principales del cristianismo. Una

Idea falsa 18

secta le hace propaganda a un fundador, a un líder, y a una forma de salvación eterna que no sea la persona de Jesucristo. Con esa definición en mente, es útil saber lo que caracteriza a la mayoría de las sectas. Las sectas se equivocan en que:

- Enseñan que uno es salvo en base a méritos humanos o buenas obras. Las Escrituras enseñan que la salvación es gratuita (Ef. 2:8-9).
- Niega la seguridad de la salvación. Las Escrituras enseñan que, al confiar en Jesucristo como el único camino al cielo, uno puede estar seguro de la salvación (1 Jn. 5:13).
- Su autodesignado jefe es el mesías. La Biblia enseña que solamente Cristo es el Mesías (Jn. 4:25-26).
- Niegan la inspiración de la Biblia, insistiendo en que hay revelación adicional fuera de la Biblia. La Biblia enseña que la Palabra de Dios es inspirada (lo que significa "exhalada" por Dios) y sin error (2 Ti. 3:14-16; 2 P. 1:20-21).
- Algunas sectas creen que Dios sigue dando revelación adicional. La Biblia afirma que toda revelación ya ha sido dada por medio de su Hijo (He. 1:2).
- Niegan la deidad de Jesucristo. La Biblia enseña que Jesucristo fue quien dijo ser, Dios encarnado (Jn. 14:7; 20:24-29).
- Ellas llevan a un estilo de vida de esclavitud. Las Escrituras enseñan que hay libertad en Cristo (Jn. 8:36; 10:10). No vamos a estar "otra vez sujetos al yugo de esclavitud" (Gá. 5:1).

¿Es malo invitar a pasar a su casa al miembro de una secta?

Basándose en 2 Juan 10-11, algunos se preguntan: "¿Es una violación de la Biblia el tener en su hogar al miembro de una secta?" Leemos: "Si alguno viene a vosotros, y no trae esta doctrina, no lo recibáis en casa, ni le digáis: ¡Bienvenido! Porque el que le dice: ¡Bienvenido! participa en sus malas obras".

En la época de Juan, eran comunes los predicadores viajeros; no lo eran las grandes cadenas de hoteles. Por lo tanto, un predicador viajero para seguir su ministerio itinerante necesitaba ayuda de dos formas: alimento y hospedaje. Nos referimos a esa clase de hospitalidad como "alojamiento y desayuno". Si se le brindara tal hospitalidad a esos maestros se les estimularía en su ministerio. Sería decirle: "Permítame ayudarle mientras difunde su falsa doctrina". Juan nos prohíbe que hagamos eso y dice que ni siquiera saludemos a esa persona. No se le debe dar saludos como "me alegro de verlo" o "deseo que le vaya bien".

Cuando el miembro de una secta visita hoy su hogar, y usted invita a esa persona a entrar, no es la misma situación. Usted no le está brindando a esa persona una cama o una comida. Sin embargo, la aplicación es: "No los reciba ni los aliente". Si hace lo que en realidad debe hacer —darle al miembro de la secta el claro mensaje del evangelio de gracia—, su tiempo en su hogar ha de desalentarlo más que alentarlo. Pero a la luz del contexto de 2 Juan, el dedicar un tiempo de conversación en la sala de su casa presentándole al miembro de una secta la necesidad que tiene de Cristo no es una violación de la Biblia.

Volvamos ahora a la idea falsa de que se trata. Para evangelizar al miembro de una secta, ¿por qué *no* tiene un creyente que saber lo que cree esa secta?

Un creyente debe saber lo que la Biblia enseña, no lo que cree la persona que anda en el error.

En Efesios 4:11-14, Pablo explicó un propósito para que Dios diera dones espirituales a las personas en la iglesia: "Para que ya no seamos niños fluctuantes, llevados por doquiera de todo viento de doctrina, por estratagema de hombres que para engañar emplean con astucia las artimañas del error".

Como creyentes que maduran, el aprender la Palabra de personas con talento impide que seamos niños inmaduros fácilmente convencidos y confundidos, llevados de un lado a otro por todo viento de doctrina. Producen esos vientos quienes, con engaño, tratan de llevar a otros a un sistema de error.

Tenemos que saber lo que enseñan las Escrituras, no lo que

Idea falsa 18

defienden quienes andan en el error. Cuando el FBI (Agencia Federal de Investigaciones) prepara a sus agentes en cuanto a cómo detectar el dinero falso, hace que estudien con tanto cuidado el billete auténtico que puedan reconocer el falso, no viceversa. De igual manera, tenemos que saber lo que las Escrituras enseñan para que podamos entonces reconocer a quienes andan en el error.

Cuando el miembro de una secta llega a su puerta, esa persona está allí para dar un mensaje espiritual. Pero quienes andan en el error no tienen ningún mensaje para usted; usted tiene un mensaje para ellos. Conocí a un mormón y entablé con él una conversación. Después de llevar la conversación a las cosas espirituales, le di un tratado evangelístico que explica su mensaje. Le impresionó que yo le diera algo para leer. Por lo general es lo opuesto; ellos nos dan su material de lectura. Él no tenía algo que yo necesitara oír. Yo tenía algo que él necesitaba oír.

Dios usa la verdad del evangelio para convencer.

Pablo nos recuerda algo en 2 Corintios 4. Afirma que, a diferencia de sus opositores, él no adulteró la Palabra de Dios. Luego les recuerda a los corintios:

> Pero si nuestro evangelio está aún encubierto, entre los que se pierden está encubierto; en los cuales el dios de este siglo cegó el entendimiento de los incrédulos, para que no les resplandezca la luz del evangelio de la gloria de Cristo, el cual es la imagen de Dios. Porque no nos predicamos a nosotros mismos, sino a Jesucristo como Señor, y a nosotros como vuestros siervos por amor de Jesús. (vv. 3-5)

¿Por qué algunos no están dispuestos a aceptar el evangelio? Su incredulidad ha sido formada por el dios de este siglo, Satanás y sus malvadas influencias. Él ha enceguecido de tal modo las mentes que, sin el Espíritu Santo, es imposible que las personas entiendan el evangelio.

Así que ¿qué les presentó Pablo a quienes había enceguecido Satanás? Pablo les presentó a Cristo, que es la imagen de Dios. Cristo y su verdad, no los engañadores y su error, fue el centro de su mensaje. Y cuando se predica a Cristo, el Espíritu Santo convence a los perdidos de la necesidad que tienen de Él. En Juan 16:8, el apóstol explica el convincente ministerio del Espíritu Santo: "Y cuando él venga, convencerá al mundo de pecado, de justicia y de juicio". De modo que el creyente debe presentarles la verdad a los perdidos para que la verdad, ungida por el Espíritu Santo, pueda llevar a los perdidos a Cristo.

Otro pasaje en que Pablo afirma que Dios usa el mensaje de la cruz para convencer es 1 Corintios 1:21, 23: "Pues ya que en la sabiduría de Dios, el mundo no conoció a Dios mediante la sabiduría, agradó a Dios salvar a los creyentes por la locura de la predicación… pero nosotros predicamos a Cristo crucificado, para los judíos ciertamente tropezadero, y para los gentiles locura". Los judíos pensaban que Cristo traería un reino político y que ellos serían los administradores. Los griegos, en busca de la sabiduría, destacaban la filosofía. Pero Dios les dio el mensaje de la cruz, el mensaje de un Cristo crucificado. Mediante la cruz, Dios reveló la necedad de los hombres en su peor aspecto y la sabiduría de Dios en todo su esplendor. Dios ofrecía lo que la lógica y el debate no podía: cómo redimir al mundo por medio de un Cristo crucificado. Dios usa el mensaje de la cruz para convencer, y la Biblia nos exhorta a que mantengamos ese mensaje sencillo y claro.

El creyente debe tomar la ofensiva, no la defensiva.

El ministerio de Pablo en Atenas es un estudio en cómo evangelizar a quienes andan en el error. Aquella ciudad tenía más dioses que personas. ¿Qué impresionaba más a los inconversos respecto al enfoque de Pablo? Hechos 17:18 nos dice: "Y algunos filósofos de los epicúreos y de los estoicos disputaban con él; y unos decían: ¿Qué querrá decir este palabrero? Y otros: Parece que es predicador de nuevos dioses; porque les predicaba el evangelio de Jesús, y de la resurrección". Estaban impresionados por su predicación de Jesucristo y la resurrección.

Idea falsa 18

Los epicúreos eran ateos que creían que el placer era lo único bueno y que el dolor era lo único malo. Convencidos de que no había más vida que esta ni había juicio futuro, su filosofía era: "Come, bebe, regocíjate". Los estoicos no veían distinción alguna entre lo humano y lo divino; Dios lo era todo y todo era Dios. Así que ¿cuál era el enfoque de Pablo? Se nos dice que Pablo "predicaba el evangelio de Jesús, y de la resurrección". Reconociendo que lo que él dijo era algo que ellos nunca habían oído antes, lo llevaron al Areópago, donde se analizaban las ideas más recientes. ¿Qué pidieron? "¿Podremos saber qué es esta nueva enseñanza de que hablas?" (v. 19).

Su enfoque era ofensivo, no defensivo. Sabía que no tenía que entender el mensaje de ellos; tenía que entender el suyo. Es cierto que muchos en las sectas de hoy no tienen idea de lo que enseña su propia secta. Más bien se unen a la secta por un sentido de pertenencia. A todo el mundo le gusta sentirse aceptado, y las sectas se especializan en ofrecer aceptación, por engañosa que sea.

De modo que el modelo de Pablo para tratar con los que están equivocados sigue siendo eficaz hoy. No tenemos que defender la fe cristiana, sino exponer la verdad del evangelio.

Tiene sentido, ¿verdad?

La realidad es que se debe saber lo que uno cree, no lo que cree el miembro de la secta, y añadirle a eso sentido común. Si enfocamos el evangelismo pensando que tenemos que saber lo que cree el miembro de la secta a fin de dar testimonio a esa persona, surgen tres preguntas:

1. *¿A quién vamos a hablarle?* ¿Es el próximo miembro de una secta con quien usted se encuentra un mormón, un testigo de Jehová, un miembro de la Ciencia Cristiana, un musulmán, un hindú, un budista, o miembro de una de las muchas sectas que surgen de las filosofías de la Nueva Era?
2. *¿Cómo mantenerse informado?* Cuanto más tiempo esperamos la venida del Señor, tantos más se apartarán de la verdad. La Biblia

profetiza: "Porque vendrá tiempo cuando no sufrirán la sana doctrina, sino que teniendo comezón de oír, se amontonarán maestros conforme a sus propias concupiscencias, y apartarán de la verdad el oído y se volverán a las fábulas" (2 Ti. 4:3-4). No hay manera de mantenerse informado de cada nueva secta.

3. *¿Cómo pudiera prepararse usted para las excepciones?* Por excepciones me refiero a la persona que está en una secta pero no cree lo que cree esa religión falsa. Hablé una vez con un hombre que era de la fe hindú. Él dio a entender que no cree en lo que creen los hindúes. Más bien creía que después de la muerte uno tiene una oportunidad más y eso es todo. Luego añadió: "Pudiera estar equivocado, pero quiero creer lo que quiero creer". Esas excepciones son más comunes de lo que uno pudiera esperar.

He aquí una palabra de advertencia.

No quiere esto decir que no sea útil para quienes evangelizan el saberlo que creen la sectas. Sin embargo, desde el punto de vista bíblico, no es esencial saber lo que creen los miembros de las sectas para evangelizarlos. Muchos creyentes han confesado, en realidad, haber enseñado a los miembros de sectas en cuanto a la doctrina falsa de sus sectas sin hablarles del sencillo plan de salvación de Dios.

Conclusión

La idea de que para evangelizar al miembro de una secta hay que saber lo que cree el miembro de la secta no se enseña en la Biblia. Los creyentes deben conocer la verdad bíblica para que, al oír el error, puedan reconocerlo. De modo que debemos presentar la verdad del evangelio al miembro de la secta para que esa verdad, ungida por el Espíritu Santo, pueda llevar a esa persona a Cristo.

Idea falsa 18

A fin de evangelizar a los miembros de sectas, los creyentes deben saber lo que creen, no lo que cree la secta. Dios pone en el camino de usted a los miembros de sectas para que les presente el evangelio, no para que ellos le expliquen errores a usted.

Idea falsa 19

"Si no estás dispuesto a confesarme públicamente, no puedes ser salvo".

Las oraciones de Sarah han sido respondidas de manera maravillosa. Después de décadas de orar por su hijo díscolo y drogadicto, Sarah guió a ese hijo a Cristo. Habiendo rechazado el evangelio antes muchas veces y queriendo seguir su propio camino, no veía necesidad alguna de Cristo. Al fin volvió en sí, comprendiendo que al que había rechazado era a quien necesitaba. Cuando su mamá le explicó una vez más el evangelio, él confió en Cristo. Tan agradecido de que ahora el Salvador fuera su Salvador, llamó a sus familiares y les contó lo que había sucedido. Sin pena alguna, les dijo que ahora pertenecía a Cristo.

Pocas cosas son más agradables que ver a los nuevos convertidos hablarles a los demás de su salvación. Pero ¿es tal confesión pública de Cristo un requisito de la salvación? Algunos no solo dicen que sí, sino que emplean la confesión pública como fundamento para el llamado al altar, diciendo que para ser salvo usted debe pasar adelante. Un predicador dijo: "Hay dos requisitos para ser salvos. Uno es ir a Cristo. El otro es caminar por el pasillo para ir al frente". Otro, indicando que, a fin de ser salvo, uno tiene que confesar públicamente a Cristo, ha dicho: "Cada vez que Cristo llamó a las personas, las llamó públicamente".

Aunque importante, una confesión pública de Cristo, ya sea a un puñado de personas o en camino a un culto de la iglesia, no es un

Idea falsa 19

requisito bíblico para la salvación. Entender dónde encaja la confesión pública subraya la sencillez del evangelio así como la importancia del discipulado.

Hay tres consideraciones inmediatas.

Al determinar el lugar de la confesión pública cuando se relaciona con la salvación, confrontamos tres consideraciones bíblicas.

La primera es Juan 12:42-43. Los milagros de Cristo tenían el propósito de ondear una bandera delante del pueblo judío, proclamando que Cristo era Dios. Muchos se negaron a creer. Juan nos dice: "Pero a pesar de que había hecho tantas señales delante de ellos, no creían en él" (v. 37). Sin embargo, algunos sí creyeron. Juan 12:42-43 dice: "Con todo eso, aun de los gobernantes, muchos creyeron en él; pero a causa de los fariseos no lo confesaban, para no ser expulsados de la sinagoga. Porque amaban más la gloria de los hombres que la gloria de Dios".

En el Evangelio según San Juan, las palabras *creer en* se emplean de modo constante para la fe salvadora. Juan 3:16 dice: "Porque de tal manera amó Dios al mundo, que ha dado a su Hijo unigénito, para que todo el que *en él cree*, no se pierda, mas tenga vida eterna" (cursivas añadidas). Juan 12 señala a los gobernantes judíos que habían confiado en Cristo como el Mesías que podía salvarlos de su pecado. Pero el confesarlo públicamente habría hecho que los expulsaran de la sinagoga. Esa amenaza impedía que hicieran una confesión pública. Pero Juan dice que "creyeron en" Cristo.

Una segunda consideración son los muchos versículos que condicionan la salvación solamente a la fe independiente de cualquier confesión pública. He aquí diez de los pasajes más conocidos.

> Mas a todos los que le recibieron, a los que creen en su nombre, les dio potestad de ser hechos hijos de Dios. (Jn. 1:12)

> El que en él cree, no es condenado; pero el que no cree, ya

ha sido condenado, porque no ha creído en el nombre del unigénito Hijo de Dios. (Jn. 3:18)

De cierto, de cierto os digo: El que oye mi palabra, y cree al que me envió, tiene vida eterna; y no vendrá a condenación, mas ha pasado de muerte a vida. (Jn. 5:24)

Le dijo Jesús: Yo soy la resurrección y la vida; el que cree en mí, aunque esté muerto, vivirá. Y todo aquel que vive y cree en mí, no morirá eternamente. ¿Crees esto? (Jn. 11:25-26)

Mas al que no obra, sino cree en aquel que justifica al impío, su fe le es contada por justicia. (Romanos 4:5)

Justificados, pues, por la fe, tenemos paz para con Dios por medio de nuestro Señor Jesucristo. (Romanos 5:1)

Pues todos sois hijos de Dios por la fe en Cristo Jesús. (Gá. 3:26)

Porque por gracia sois salvos por medio de la fe; y esto no de vosotros, pues es don de Dios; no por obras, para que nadie se gloríe. (Ef. 2:8-9)

Y ser hallado en él, no teniendo mi propia justicia, que es por la ley, sino la que es por la fe de Cristo, la justicia que es de Dios por la fe. (Fil. 3:9)

Y este es el testimonio: que Dios nos ha dado vida eterna; y esta vida está en su Hijo. El que tiene al Hijo, tiene la vida; el que no tiene al Hijo de Dios no tiene la vida. Estas cosas os he escrito a vosotros que creéis en el nombre del Hijo de Dios, para que sepáis que tenéis vida eterna. (1 Jn. 5:11-13)

La Biblia no se contradice a sí misma, y hay muchos pasajes que

Idea falsa 19

presentan la condición de la salvación solamente en la fe. Cualquiera que sea el lugar que tenga la confesión, una confesión pública de Cristo no es un requisito para la salvación.

Una tercera consideración es la conversión del ladrón en la cruz. Los ladrones crucificados con Cristo estaban divididos en su manera de verlo. Mientras uno estableció una condición: "Si tú eres el Cristo, sálvate a ti mismo y a nosotros" (Lc. 23:39); el otro puso su fe en Él, y le pidió: "Acuérdate de mí cuando vengas en tu reino" (v. 42). La respuesta de Cristo fue la mejor noticia que un moribundo puede oír: "De cierto te digo que hoy estarás conmigo en el paraíso" (v. 43). ¿Habló públicamente a los demás de su decisión? No hubo tiempo ni oportunidad. Es difícil, después de todo, hablar a los demás de su salvación cuando se está clavado en una cruz. Si la confesión fuera un requisito para la salvación, o el ladrón no fue salvo, como Cristo dijo que lo era, o hay dos "evangelios", un evangelio o medio de salvación para una persona que ha tenido tiempo de confesar y el otro para una persona que no lo tiene.

¿Qué versículos se usan para apoyar esa confesión pública?

Se usan tres pasajes para apoyar la idea de que, si no se está dispuesto a confesar públicamente a Cristo, no se puede ser salvo.

Romanos 10:9–10

Romanos 10:9–10 dice: "Que si confesares con tu boca que Jesús es el Señor, y creyeres en tu corazón que Dios le levantó de los muertos, serás salvo. Porque con el corazón se cree para justicia, pero con la boca se confiesa para salvación". (Para más detalles acerca de este pasaje, se remite al lector al libro del autor *Free and Clear* [Gratuito y claro], Kregel Publications, 1997.) Consideremos tres observaciones.

Aquí la palabra *salvo* se refiere a liberación. Pablo escribió acerca de haber sido salvado de un naufragio (Hch. 27:20), Santiago escribió acerca de haber sido salvado de la muerte física (Stg. 5:15) y Pablo se refirió a que las mujeres se salvaban en la maternidad (1 Ti. 2:15). El verbo *salvarse* no siempre se refiere a la salvación eterna. El contexto determinado de qué es librado uno.

Al llegar a este punto en la Epístola a los Romanos, Pablo está explicando cómo ser salvos de la ira de Dios, un tema que comenzó en Romanos 5: "Pues mucho más, estando ya justificados en su sangre, por él seremos salvos de la ira. Porque si siendo enemigos, fuimos reconciliados con Dios por la muerte de su Hijo, mucho más, estando reconciliados, seremos salvos por su vida" (vv. 9-10).

A fin de escapar del juicio de Dios sobre el pecado, debemos ser justificados. La palabra *justicia* en Romanos 10:10 es la forma nominal del verbo traducido "justificar" en pasajes tales como Romanos 5:1: "Justificados, pues, por la fe, tenemos paz para con Dios por medio de nuestro Señor Jesucristo". Aquí *justificados* significa ser declarados justos. En el momento en que acudimos a Dios como pecadores reconociendo que Jesucristo murió en nuestro lugar y resucitó, y que confiamos en que solamente Cristo nos salva, tiene lugar una transacción divina. Dios toma la justicia de su Hijo y la pone en nuestra cuenta, y somos para siempre declarados justos delante de Dios. Por lo tanto, el significado de esa primera parte del versículo 10 es: "Con el corazón se cree y se es justificado delante de Dios".

Sin embargo, para escapar de la ira de Dios del pecado presente también debemos confesar públicamente a Cristo. Pablo continúa en Romanos 10:10: "pero con la boca se confiesa para salvación". Se llega a ser cristiano sencillamente al confiar en Cristo. Esa es la única forma de llegar a ser cristiano: El confiar solamente en Cristo como nuestro único fundamento para estar en armonía con Dios. Pero no se puede ser un cristiano victorioso y experimentar la liberación del pecado de hoy sin hablar públicamente de nuestra fe. Pablo continúa en los versículos 11-13: "Pues la Escritura dice: Todo aquel que en él creyere, no será avergonzado. Porque no hay diferencia entre judío y griego, pues el mismo que es Señor de todos, es rico para con todos los que le invocan; porque todo aquel que invocare el nombre del Señor, será salvo". La persona que confía en Cristo no será decepcionada. Por lo tanto, no hay por qué sentirse avergonzado de hacer tal confesión. Si

Idea falsa 19

se necesitara la ayuda de Dios para hacer esa confesión, se nos anima a "[invocar]" el nombre del Señor", una frase empleada en las Escrituras para adorarlo y pedirle ayuda (cp. Joel 2:32). Sin embargo, antes que se haga ese llamado, uno tiene que creer. Por lo tanto, Pablo continúa: "¿Cómo, pues, invocarán a aquel en el cual no han creído? ¿Y cómo creerán en aquel de quien no han oído? ¿Y cómo oirán sin haber quien les predique?" (v. 14).

Entonces Romanos 10:9-10 no enseña que la confesión sea un requisito para la salvación de la condenación a castigo eterno. Enseña que la confesión es necesaria para llevar una vida cristiana victoriosa.

Una noche, Tammy y yo descubrimos una gotera en el techo. Lo supimos al ver el cielo raso descolorido y húmedo. Así que Tammy hizo contacto con un techador. Era uno de esos tipos amistoso y digno de confianza cuya amplia sonrisa tejana era tan genuina como su trabajo. Mientras hablaban, Tammy llevó la conversación a las cosas espirituales. Después que se fue, ella le escribió y adjuntó uno de nuestros tratados que explica que la salvación no es por medio de Cristo más otra cosa, sino solamente por medio de Cristo. Ese tratado lo impresionó de tal modo que la llamó y le dijo cuánto significaba para él. Ahora que estaba seguro de su salvación, Tammy subrayó que esa vida eterna era un don.

Un año después, una granizada azotó nuestra zona. La rotura de algunas tejas, visibles desde el patio, indicaba que había que cambiar el techo, así que volví a contratar al mismo techador. Él vino a recoger el cheque una noche en que Tammy no estaba en casa. Sus ojos radiantes, su sonrisa amistosa y su actitud relajada en la silla me decía que deseaba sentarse y hablar. También adivinaba que tenía algo que decirme. Él dijo: "Tengo dentro de mi Biblia aquella carta y el tratado que su esposa me dio. Lo leo cada domingo cuando voy a la iglesia". Dijo eso tres veces mientras explicaba cuánto significaba el saber que era salvo solamente por medio de Cristo. No estamos seguros de si confió en Cristo mediante la conversación con Tammy o si llegó a conocer a Cristo de niño y luego olvidó la sencillez del mensaje. Sin embargo, me aseguró que comprendía que solo Cristo salva.

Como alguien que ahora entendía el evangelio, era expresivo en cuanto a su fe y no se avergonzaba de hablarles a otros. Era obvio que su testimonio público de Cristo afectaba su andar en victoria. Cuando uno trata de andar en los pasos de Cristo, Dios usa su obra y testimonio.

Mateo 10:32-33

En Mateo 10:32-33 Cristo declara: "A cualquiera, pues, que me confiese delante de los hombres, yo también le confesaré delante de mi Padre que está en los cielos. Y a cualquiera que me niegue delante de los hombres, yo también le negaré delante de mi Padre que está en los cielos". Destacando que "cualquiera que me niegue delante de los hombres, yo también le negaré delante de mi Padre", alguien llega a la conclusión de que una confesión pública de Cristo es indispensable para la salvación.

El contexto elimina cualquier duda de que se requiera la confesión para la vida eterna. El contexto es el discipulado. Varios versículos antes leemos: "El discípulo no es más que su maestro, ni el siervo más que su señor. Bástale al discípulo ser como su maestro, y al siervo como su señor. Si al padre de familia llamaron Beelzebú, ¿cuánto más a los de su casa?" (vv. 24-25).

¿Cómo afectaría a sus discípulos el negarlo por miedo a la persecución y tal vez a la muerte (v. 28)? No cambiaría su salvación, pero afectaría su recompensa eterna. Varios versículos más adelante, continuando su tema de discipulado, Cristo explica: "El que recibe a un profeta por cuanto es profeta, recompensa de profeta recibirá; y el que recibe a un justo por cuanto es justo, recompensa de justo recibirá. Y cualquiera que dé a uno de estos pequeñitos un vaso de agua fría solamente, por cuanto es discípulo, de cierto os digo que no perderá su recompensa" (vv. 41-42). Todos los salvos van al cielo, pero no a todos los salvos se les recompensa de igual modo. Quienes confían en Cristo pero no lo confiesan no perderán su salvación pero se afectará su recompensa eterna.

La advertencia de Cristo, "cualquiera que me niegue delante de

Idea falsa 19

los hombres, yo también le negaré delante de mi Padre", no puso en peligro su salvación. Advirtió a los discípulos del peligro de perder la recompensa en el cielo. Si lo negamos, cuando estemos delante de Él esperando la recompensa, Él negará que hayamos sido discípulos fieles.

2 Timoteo 2:11-13

En 2 Timoteo 2:11-13 Pablo exhorta: "Palabra fiel es esta: Si somos muertos con él, también viviremos con él; si sufrimos, también reinaremos con él; si le negáremos, él también nos negará. Si fuéremos infieles, él permanece fiel; él no puede negarse a sí mismo". ¿No implica eso que debemos confesar públicamente a Cristo para ser salvos?

Pablo se refirió a las penurias tales como las mencionadas en el versículo 10 cuando dijo: "Todo lo soporto por amor de los escogidos". A quienes soportan se les promete recompensa en el cielo. Ellos reinarán con Él. Se menciona el reinar como recompensa en pasajes tales como Apocalipsis 3:21: "Al que venciere, le daré que se siente conmigo en mi trono, así como yo he vencido, y me he sentado con mi Padre en su trono".

¿Qué diremos de quienes lo niegan? Aun cuando seamos infieles, Él no puede negarse a sí mismo. Pudiéramos quebrantar nuestra promesa a Él, pero Él no quebranta su promesa a nosotros. Él es fiel. No está claro lo que Pablo quiere decir con "infieles" con relación a la negación. Pero aun cuando le seamos infieles, Él sigue siendo fiel a nosotros. Él nunca quita la salvación que ha dado en el momento en que confiamos en Cristo. En lugar de eso, como promete Romanos 11:29, "Irrevocables son los dones y el llamamiento de Dios". Pudiéramos apartarnos de Él, pero Él nunca se aparta de nosotros.

Conclusión

Una confesión pública de Cristo es de importancia eterna. Pero su importancia no está relacionada con nuestra salvación eterna. Se relaciona con nuestra vida cristiana victoriosa ahora y finalmente a nuestra recompensa eterna. Al confiar en Cristo, recibimos su don de vida eterna; al confesar a Cristo constantemente y sin avergonzarnos, experimentamos la victoria sobre el pecado, y obtendremos la recompensa eterna cuando veamos al Salvador cara a cara.

Una confesión pública de Cristo no es un requisito para recibir la vida eterna. La confesión se relaciona con el discipulado y la recompensa. Para ser salvo, solo hay un requisito: "Cree en el Señor Jesucristo".

Idea falsa 20

"No debe dar testimonio hasta que su vida sea lo que debe ser. Pudiera hacer más mal que bien".

La vida ha cambiado para sus vecinos. Después de años de que todo iba bien, ahora todo andaba mal. Se quemó la esposa en un accidente automovilístico casi mortal y, aunque feliz de haber quedado viva, llevará las cicatrices el resto de su vida. El esposo ha tenido un trabajo de ingeniero por un año. La compañía para la que trabaja planea reducir el número de empleados, y sin duda él quedará fuera. Entonces la semana pasada recibió una llamada informándole que a su hermano en Minnesota se le ha diagnosticado un cáncer avanzado de colon. Todo eso durante un tiempo en que su hija de dieciséis años anda enamorada con alguien que a ellos no les gusta.

Los problemas apartan a algunos de Dios, pero esta familia parece estar acercándose a Dios. Hasta hace poco era difícil hablarles acerca de las cosas espirituales, pero ahora parece que la puerta de la oportunidad ha abierto una grieta.

Así que ¿por qué no les habla? ¿Qué se lo impide? ¿Pudiera ser que los vecinos sepan algunos detalles de su vida? Una noche, por ejemplo, cuando su segadora de césped no funcionó, usted habló en voz alta del Señor; pero no de la manera que un cristiano debe usar su nombre. Ni la cerca del traspatio impidió que los vecinos oyeran la enconada discusión que tuvieron usted y su esposa. ¿No se sintieron avergonzados al saber que ellos estaban tomando el sol en su traspatio y oyeron cada una de las palabras? En lugar de reflejar a cristianos que parecen estar equilibrados, su conducta y su conversación pudieran llevarlos a creer que todo se está acabando. "Si menciono a Cristo", se pregunta usted, "¿qué pensarán? ¿Cómo puedo hablar del Señor cuando mi vida no es lo que debe ser? ¿No haré más mal que bien?"

Algunos dicen: "No debe dar testimonio hasta que su vida sea lo que debe ser". Aunque es real el peligro de estorbar en vez de ayudar a la causa de Cristo, tal pensamiento es una idea falsa. ¿Por qué?

No debemos ser víctimas de los extremos.

Sí, la vida es importante para dar testimonio. Se trató eso cuando consideramos la idea falsa: "Es suficiente llevar una vida cristiana alrededor de los inconversos. En realidad no hay que emplear palabras".

Pedro dijo: "Amados, yo os ruego como a extranjeros y peregrinos, que os abstengáis de los deseos carnales que batallan contra el alma, manteniendo buena vuestra manera de vivir entre los gentiles; para que en lo que murmuran de vosotros como de malhechores, glorifiquen a Dios en el día de la visitación, al considerar vuestras buenas obras" (1 P. 2:11-12).

Pedro rogó a los creyentes que vivieran apartados de la inmoralidad y de los deseos carnales que los rodeaban. ¿Por qué? Era importante para su bienestar espiritual. También era importante mantener un testimonio eficaz delante de los inconversos. Pedro empleó la palabra *buena* para referirse a su conducta y *buenas* para referirse a sus obras. Esa palabra viene de la misma palabra griega que se refiere a bondad de carácter y de acciones. Tal conducta glorifica a Dios delante de quienes nos calumnian o nos acusan. Cristo, en realidad, usó la bondad para ganar a otros. "En el día de la visitación" pudiera referirse al juicio final cuando toda lengua confesará que Él es Dios (Fil. 2:11). Es más probable que se refiera al día que Dios lleva a los inconversos a la fe salvadora en Cristo. Cuando trata con los inconversos, Dios usa la bondad de carácter y las obras en un creyente para señalar a

Idea falsa 20

los inconversos el camino a su Hijo. De modo que nuestra vida es en realidad importante para nuestro testimonio.

El devocional *Nuestro pan diario* contó una vez acerca de un hombre que entró en una cárcel de máxima seguridad para predicar a los reclusos. Se le dijo que se había puesto fuera de lugar su tarjeta de identificación. El guarda tenía que solicitar un permiso temporal para que le permitieran entrar y enseñar su clase bíblica. Después de mostrar su licencia de conducir, el guarda completó el formulario para dejarlo entrar. Cuando el creyente le echó un vistazo, observó un espacio para el nombre de la persona que estaba representando. El guarda había escrito en letras negras: "Dios".[1] Como creyentes representamos a Dios. Así que nuestra vida es importante para dar testimonio. Pero tenemos que evitar el otro extremo. Allí también hay peligro.

Si espera hasta que su vida sea todo lo que debe ser, nunca evangelizará.

Hablé en una iglesia donde una mujer decía haber alcanzado la perfección sin pecado. No solo no pecaba, sino que decía que había llegado a un punto en que sentía que no podía pecar. Después que hablé acerca de las características del amor (1 Co. 13), la mujer me vio después del culto. Me dijo: "Gracias por su mensaje. Tomé notas para mi hijo [que no estaba allí]. Él necesita esto". Cuando salía por la puerta, se volvió y dijo: "Supongo que yo pueda usarlas también".

En cualquier día dado, ¿quién, si somos sinceros, pudiera decir "Mi vida es plenamente de Cristo, como debe ser"? Si decimos eso, ya hemos pecado; un pecado llamado orgullo. Muchas veces estaríamos de acuerdo con Pablo: "Porque no hago el bien que quiero, sino el mal que no quiero, eso hago" (Ro. 7:19). La verdadera humildad nos obliga a exclamar: "¡Miserable de mí!" (v. 24). Dios no salva a los perfectos. Dios salva a los pecadores; pecadores que no estarán sin pecado hasta que vean al Salvador cara a cara.

Si espera hasta que su vida sea todo lo que debe ser, nunca evangelizará. Satanás sabe eso, y siendo el maestro de la intimidación, emplea esa idea falsa para desalentarnos en el evangelismo. Él sabe que no habría nunca un día en que usted esté libre para evangelizar.

Los inconversos no esperan perfección; esperan sinceridad en cuanto a nuestros fracasos.

Nunca he conocido a un inconverso que espere que los cristianos sean perfectos. Saben que los cristianos son seres humanos, que fallarán. Los inconversos no esperan perfección, sino integridad. Una cosa es fracasar; otra cosa es dar la impresión de ser alguien que nunca fracasa. Cuando fallamos, sea con una mala acción o una palabra poco amable, las palabras *lo siento* debieran brotar de nuestros labios. Las personas encantadoras saben disculparse.

Los testimonios son emocionantes. Me encanta oír cómo las personas van al Salvador. Así que a menudo pregunto a los creyentes: "¿Cómo llegó a conocer al Señor?" Nunca olvidaré una respuesta. Un hombre a quien llamaré Carl me contó de un vecino que tenía un marcado defecto de carácter y a menudo ofendía a los demás. Carl también mencionó que el vecino era evangélico, y poco después de conocer a Carl, el vecino le dio testimonio. Entonces Carl dijo: "Fue franco al hablar de sus fracasos e incluso habló de uno que me molestó. Esa sinceridad me hizo querer escuchar. Me guió al Salvador, pero no pienso que yo lo habría escuchado si él no hubiera sido sincero en cuanto a sus fracasos". En más de treinta años de evangelización, nunca he encontrado a un inconverso que espere perfección de los creyentes. Sin embargo, sí quieren que seamos sinceros.

La confesión de pecado requiere segundos, no años.

Cuando evangelizamos, oramos por oportunidades, por valor, por puertas abiertas y por la salvación de los perdidos. Pero el salmista dice: "Si en mi corazón hubiese yo mirado a la iniquidad, el Señor no me habría escuchado" (Sal. 66:18). La idea en este salmo no es solo pecar

Idea falsa 20

sino aferrarse al pecado. El salmista llama a todas las naciones a alabar al Señor por su liberación de Israel. Si el salmista se hubiera aferrado al pecado, Dios no habría respondido a su súplica de liberación. El pecado hace que Dios aparte su rostro de nosotros (Is. 59:2), porque el pecado es repugnante para Dios. El aferrarse al pecado impide que sean respondidas nuestras oraciones.

¿Cuánto tiempo demora limpiar el corazón de uno delante de Dios? Segundos. El momento en que lo hacemos, 1 Juan 1:9 nos dice: "Él es fiel y justo para perdonar nuestros pecados y limpiarnos de toda maldad".

Cuando tenemos oportunidades para hablar del evangelio, Dios oye los susurros de nuestro corazón. Con sinceridad, podemos pedirle a Dios que perdone nuestras expresiones de amargura. Podemos reconocer nuestra lujuria y pedir perdón. Podemos pedir el perdón de Dios por la impaciencia con nuestro cónyuge y con nuestros hijos. El momento en que confesamos es el momento en que experimentamos su bondad, su misericordia y su perdón eterno. Somos una vasija limpia preparada para que Él la use.

Dios usa a personas imperfectas.

Vea en las Escrituras las personas a quienes Dios usó. No fueron ejemplos perfectos de santidad. En el mejor de los casos, eran personas imperfectas que servían a un Dios perfecto. Considere a David, por ejemplo. La Biblia llama a David un hombre conforme al corazón de Dios (1 S. 13:14). Algunos lo consideran el rey más grande que haya tenido Israel. Un anhelo de Dios y su justicia impregnaba la vida de David. Sus logros como rey, guerrero, músico y profeta son incontables. Cuando se acercaba al fin de su vida, ¿qué le dio a su hijo Salomón? Una nación unida, una fuerza militar respetada por todos los enemigos, las fronteras de Israel habiéndose extendido de nueve mil a noventa mil kilómetros cuadrados, y habiéndose establecido extensas rutas comerciales. Pero su récord está manchado por dos de los pecados más groseros que puedan cometerse. Cometió adulterio, y para ocultar su pecado asesinó al esposo de la mujer con quien había tenido la relación amorosa. Pero Dios no se disculpó por haberlo usado, ni eso impidió que Dios, una vez que David se arrepintiera, lo siguiera usando. El Primer Libro de Crónicas 29:28 tiene su epitafio: "Y murió en buena vejez, lleno de días, de riquezas y de gloria; y reinó en su lugar Salomón su hijo".

También se menciona a Sansón en el salón de la fama de la fe (He. 11:32). Lo que hizo mediante el poder de Dios es asombroso. Mató un león, a treinta filisteos y a mil hombres a mano limpia. Rompió las cuerdas usadas para atarlo y se llevó las puertas de Gaza. Pero su conducta era carnal, pueril y lujuriosa. Sin embargo, queriendo ser usado por Dios, aun a costa de su propia vida, echó abajo el templo de Dagón. El castigo sobre los adoradores paganos fue tal que "los que mató al morir fueron muchos más que los que había matado durante su vida" (Jue. 16:30).

Vuelva al Nuevo Testamento. ¿Quién le falló a Cristo en un momento decisivo? Pedro. Pedro había andado con Jesús, y había aprendido a sus pies, pero tres veces Pedro negó al Salvador. Sin embargo, Dios lo usó como líder en la iglesia primitiva, y mediante su testimonio a Cornelio llevó el evangelio a los gentiles. Su predicación evangelística influyó en muchos.

Dios usa a personas imperfectas.

Entonces la cuestión no es nuestro carácter pecaminoso. Más bien, es nuestra disposición a arrepentirnos y ser usados por Dios.

Dios obra por medio de nosotros y a veces, a pesar de nosotros.

Dios quiere pensamientos, actitudes y acciones que honren a Dios cuando evangelizamos. Pero aun cuando nuestra vida y nuestros motivos no sean lo que deben ser, Dios puede ser glorificado.

Durante todo su ministerio, Pablo estuvo determinado a ir a Roma para evangelizar la ciudad. Después de su tercer viaje misionero, fue arrestado en Jerusalén, llevado a Cesarea y después llevado preso a Roma. En sus últimos tres años sufrió encarcelamiento, rechazo y una conspiración para matarlo.

Idea falsa 20

¿Oyó Roma el evangelio? Sí. Los guardas que estaban encadenados a Pablo oyeron el evangelio en su propia voz, y llevaron el mensaje de vuelta a las barracas. ¿De qué otra forma oyó Roma? Pablo explicó: "Y la mayoría de los hermanos, cobrando ánimo en el Señor con mis prisiones, se atreven mucho más a hablar la palabra sin temor" (Fil. 1:14). El valor de Pablo inspiró a otros. ¿Predicaban todos a Cristo con la debida motivación? Pablo continuó: "Algunos, a la verdad, predican a Cristo por envidia y contienda; pero otros de buena voluntad. Los unos anuncian a Cristo por contención, no sinceramente, pensando añadir aflicción a mis prisiones; pero los otros por amor, sabiendo que estoy puesto para la defensa del evangelio" (vv. 15-17).

Algunos predicaban a Cristo por amor al Señor y a los perdidos; otros lo hacían por amor a sí mismos. Con Pablo fuera del escenario, se convirtieron en el centro de atención. Por muy torcidas que fueran sus motivaciones, el consuelo de Pablo era que estaban predicando a Cristo. Condenó su mensaje, no sus motivaciones. Dios obró por medio de ellos y también a pesar de ellos.

Cierto instituto bíblico tenía una excelente reputación por su claridad con el evangelio. Satanás, siendo lo maligno que es, tentó al presidente con una relación adúltera. El toque de la mano de otra mujer fue más emocionante que el toque de la mano de su esposa. Finalmente dejó a su esposa por la otra mujer, y sufrieron los estudiantes y la universidad. Su testimonio fue reducido a cero y se cerró la universidad. ¿Usó Dios a ese hombre para influir en otros con el evangelio aunque estaba viviendo en pecado? Sí. No solo motivó y preparó a los estudiantes, sino que incluso guió a otros a Cristo durante el período en que andaba en pecado. Dios obró por medio de su vida aunque no lo estaba honrando.

Un pastor cuya amistad significó mucho para mí era un devoto discípulo de Cristo. Dios lo usó de un modo extraordinario para planear una campaña evangelística en la que hablé. Asistieron muchos inconversos y confiaron en Cristo. Seguí teniendo varias campañas evangelísticas con él, todas las cuales producían frutos espirituales. Es doloroso decir que Satanás también lo tentó a la inmoralidad. Cedió a la tentación y tuvo relaciones sexuales con una mujer de la iglesia. Dejó a su esposa, y sufrieron ella, sus hijos y el testimonio de la iglesia en aquella comunidad. Sin embargo, nada refuta el hecho de que, aunque estaba viviendo en pecado, Dios obró a pesar de eso.

Lo que Dios *prefiere* usar y lo que Él *puede* usar no es siempre lo mismo. Dios quiere usar un instrumento limpio, pero hay veces en que, en su gracia, Él obra a pesar de nosotros.

Conclusión

Aunque una vida de santidad aumenta el testimonio de uno, no debemos ser extremistas al pensar que, a menos que nuestra vida sea todo lo que debe ser, no debemos dar las buenas nuevas. Si tuviéramos que ser casi perfectos para evangelizar, no daríamos testimonio jamás. Los inconversos esperan que seamos sinceros con nuestros errores; no esperan que nunca los cometamos. Un corazón que no es justificado delante de Dios puede ser limpio de inmediato al confesar su carácter pecaminoso. Dios se complace en usar a los pecadores que son salvos por gracia.

Nuestra vida pudiera perjudicar nuestro testimonio. Pero esperar para evangelizar hasta que nuestra vida sea todo lo que debe ser es una estratagema de Satanás. Dios nos usa a pesar de nuestras imperfecciones.

Idea falsa 21

"Estoy decepcionado con tus resultados en el evangelismo. No has guiado a muchas personas a mí".

Mañana a las 3:00 p.m. es su revisión anual de salario. Corren gotas de sudor por su frente. ¿Podrá dormir esta noche? ¿Qué va a decir su jefe? ¿Está complacido o decepcionado? Hay razón para estar preocupado. Su primer año no ha sido tan productivo como él esperaba. Usted piensa: *Quisiera que me dieran la evaluación, en vez de ser el evaluado.*

¿Qué busca un jefe en un empleado? Resultados. Los empleados tienen que ser dignos de sus salarios. De otra manera, el personal en la plantilla cuesta más de lo que produce. De manera explícita o tácita, el empleador está diciendo: "Quiero ver resultados".

Muchos piensan que Dios dice lo mismo acerca del evangelismo. No importa a cuántas personas les hablemos de Cristo porque pensamos que Dios espera que *llevemos* a otros a Él, no solo que *les hablemos* de Él.

Como resultado, suceden varias cosas. Nuestro enfoque se convierte en más presión. No importa si los inconversos van a Cristo por su propia voluntad o por la nuestra, siempre que estén en la lista. No podemos darnos el lujo de perder tiempo hablando del evangelio si no vemos una respuesta. Pensamos que Dios está llevando la cuenta. Necesitamos una respuesta *positiva* del perdido, de modo que presionamos y manipulamos para obtenerla. El problema es que ese no es un convertido por el Espíritu Santo, sino por un espíritu humano, y que no es un convertido en absoluto.

Lo segundo que ocurre es que nos desalentamos. Si tenemos pocos resultados, pensamos que no tenemos ningún mérito con Dios, así que ¿por qué seguir tratando? Estamos condenados a fracasar en el evangelismo, pensamos que estamos decepcionando a Dios y tememos verlo cara a cara.

¿Cuál es el error en esa manera de pensar? ¿Por qué es una idea falsa?

Ningún versículo enseña que Dios nos hace responsables de ganar a los perdidos.

¿De dónde sacamos la idea de que tenemos la responsabilidad de *ganar* a los perdidos? No existe tal versículo. Ni hay indicio de que cuando estemos delante de Dios para ser recompensados, Él nos pregunte: "¿Cuántas almas me has traído?" No tendría que hacernos tal pregunta. Él sabe la respuesta.

Pero ¿qué dice 1 Corintios 9:19–23?

> Por lo cual, siendo libre de todos, me he hecho siervo de todos para ganar a mayor número. Me he hecho a los judíos como judío, para ganar a los judíos; a los que están sujetos a la ley (aunque yo no esté sujeto a la ley) como sujeto a la ley, para ganar a los que están sujetos a la ley; a los que están sin ley, como si yo estuviera sin ley (no estando yo sin ley de Dios, sino bajo la ley de Cristo), para ganar a los que están sin ley. Me he hecho débil a los débiles, para ganar a los débiles; a todos me he hecho de todo, para que de todos modos salve a algunos. Y esto hago por causa del evangelio, para hacerme copartícipe de él.

Aquí Pablo emplea el verbo *ganar* cinco veces. Terminando el párrafo, dice: "Para que de todos modos salve a algunos". ¿No estaba Pablo pensando que Dios esperaba que él salvara a las personas, no

Idea falsa 21

solo que les diera testimonio? Sin embargo, el contexto aclara cualquier confusión. "Los que están sujetos a la ley" se refiere a los judíos; "los que están sin ley" se refiere a los gentiles. Al ir a Cristo, Pablo, como judío, reconoció que no estaba bajo la ley del Antiguo Testamento. También reconoció que algunos judíos se escandalizarían si él no observaba la ley. Como los amaba, se adaptaba a ellos, observando muchas de sus fiestas solemnes. De esa manera, llevó a judíos y a gentiles a Cristo.

Cuando Pablo habla de libertades que está dispuesto a perder a fin de "ganar a mayor número", está en realidad hablando de conseguir que lo oyeran. Un comentarista plantea: "Estuvo dispuesto a someterse a los escrúpulos de los judíos a fin de conseguir que oyeran el evangelio y así ganarlos para Cristo. Pero nunca comprometió la esencia del evangelio, en el corazón del cual estaba la salvación por fe, no las obras, y la libertad del legalismo".1 *Ganar* y *salvar* se refieren a obtener aceptación y oyentes; nada indica que Dios hiciera a Pablo responsable de la salvación de cualquier judío o gentil.

Otro pudiera preguntar: ¿Qué me dice de Proverbios 11:30? "El fruto del justo es árbol de vida; y el que gana almas es sabio". ¿No es el énfasis en ganar no en hablar? Este versículo no trata del evangelismo. La frase "el fruto del justo" se refiere a lo bueno que un hombre justo hace por los demás. Sus palabras, su conducta, su enseñanza y su ejemplo inspiran a otros. Por tanto, lo bueno que hace es un "árbol de vida". La frase "el que gana almas es sabio" quiere decir que un sabio gana personas para Dios. Pudiera hacerse eso por razones siniestras, como el usar a otros para provecho egoísta, pero aquí tiene un buen sentido. El hombre prudente cautiva a las personas, teniendo una buena influencia en ellas.

Proverbios 11:30 enseña que la justicia produce fruto, la sabiduría da influencia. Un justo produce fruto que tiene un efecto positivo en los demás. Luego aprovecha su influencia para ganar a las personas para Cristo. Aunque el versículo no está refiriéndose al evangelismo, pudiera haber una aplicación. A veces las personas se acercan a Cristo porque la vida de un creyente las atrae. Por consiguiente, debemos ser "cartas vivientes" para los inconversos. Sin embargo, el versículo no está hablando de la expectativa de Dios de que nosotros ganemos a los perdidos.

Dios nos hace responsables del contacto, no de la conversión.

¿Qué comisionó Jesús a que hicieran sus discípulos? Hechos 1:8 dice: "Pero recibiréis poder, cuando haya venido sobre vosotros el Espíritu Santo, y me seréis testigos en Jerusalén, en toda Judea, en Samaria, y hasta lo último de la tierra".

Un testigo cuenta lo que sabe. Los discípulos debían contar lo que sabían, comenzando en Jerusalén, la ciudad donde estaban; la misma ciudad donde Cristo fue rechazado y crucificado. Debían ir desde allí hasta la región de Judea. Con Samaria mencionada y Galilea sobrentendida, eso quería decir la región exterior de Palestina. Entonces debían ir "hasta lo último de la tierra", que probablemente para los apóstoles habría sido ir a Roma, la capital del imperio y el lugar donde las personas se congregaban de todas partes. Una línea directa trazada desde Judea hasta Roma habría tenido más de dos mil kilómetros de largo. El libro de Hechos registra el progreso del evangelio, primero en Jerusalén (caps. 1-7), después en toda Judea y Samaria (caps. 8-12) y por último a todas las esferas del mundo gentil (caps. 13-28).

El énfasis de la comisión es en la responsabilidad de los discípulos de llevar a Cristo a los inconversos, no de llevar a los inconversos a Cristo. Lo importante era la proclamación, no eran los resultados. Comenzando en su casa y en su ciudad, debían contar lo que sabían hasta lo último de la tierra.

El evangelismo personal es imposible sin el contacto personal. Por eso el propio ejemplo de Cristo subrayó la necesidad de ser amigo de los pecadores (Lc. 15:2). No podemos hablar con quienes no hemos hecho contacto. Debemos ser testigos. Lo importante nunca es lo que resulte de ese contacto. Más bien el énfasis bíblico es el contacto, no la conversión.

Idea falsa 21

Dios nos hace responsables de la fidelidad, no del fruto.

Observe la respuesta de Pablo cuando fue maltratado por los corintios que mostraban parcialidad hacia ciertos maestros. Él dijo:

> Así, pues, téngannos los hombres por servidores de Cristo, y administradores de los misterios de Dios. Ahora bien, se requiere de los administradores, que cada uno sea hallado fiel. Yo en muy poco tengo el ser juzgado por vosotros, o por tribunal humano; y ni aun yo me juzgo a mí mismo. Porque aunque de nada tengo mala conciencia, no por eso soy justificado; pero el que me juzga es el Señor. (1 Co. 4:1-4)

Los ministros son siervos de Cristo. Como administradores de su verdad, ofrecen lo que se les da. ¿Cuál es su responsabilidad cuando ofrecen la verdad? Es como explicó Pablo: "Que cada uno sea hallado fiel". Él no dijo "Que cada uno sea hallado *fructífero*". Solo cuando estemos delante del Señor sabremos cuán fieles hemos sido. Ningún otro puede hacer el pronóstico final. En lugar de eso, Pablo dijo: "El que me juzga es el Señor".

El que el Señor juzgue el nivel de fidelidad de uno da sentido a las palabras de Pablo en el capítulo anterior, cuando reprendió el espíritu partidista de los corintios. Les recordó que él y Apolos eran usados por el Señor en la fundación y el crecimiento de iglesias:

> ¿Qué, pues, es Pablo, y qué es Apolos? Servidores por medio de los cuales habéis creído; y eso según lo que a cada uno concedió el Señor. Yo planté, Apolos regó; pero el crecimiento lo ha dado Dios. Así que ni el que planta es algo, ni el que riega, sino Dios, que da el crecimiento. Y el que planta y el que riega son una misma cosa; aunque cada uno recibirá su recompensa conforme a su labor. (1 Co. 3:5-8)

Pablo plantó la iglesia. Apolos predicó después que se fue Pablo. Ambos fueron usados por el Señor. Nuestra responsabilidad es ser fieles en todo lo que hagamos, y Dios recompensa nuestro trabajo. La fecundidad es responsabilidad de Dios.

Considere el principio de la siembra y la cosecha.

¿Por qué hay que comprender que lo importante es la fidelidad? Como se observó en un capítulo anterior, a veces sembraremos las semillas del evangelio, y algún otro pudiera cosechar lo que hemos sembrado. Durante su visita a Samaria, Cristo dijo: "Uno es el que siembra, y otro es el que siega. Yo os he enviado a segar lo que vosotros no labrasteis; otros labraron, y vosotros habéis entrado en sus labores" (Jn. 4:37–38). Aunque estuvo en Samaria solo dos días y no hizo ningún milagro, Jesús halló un campo blanco para la siega. Por lo visto, el ministerio de los profetas del Antiguo Testamento y el de Juan el Bautista tuvieron sus resultados. Cristo les aseguró a sus discípulos que tanto el sembrador como el segador tendrán su recompensa.

Nuestra oficina recibió una llamada de una mujer en Pensilvania. Nos dijo que alguien había dejado caer junto a su casa uno de nuestros tratados "¿Me permite hacerle una pregunta?" (vea el *Apéndice*). Como resultado de su lectura, ella confió en Cristo. Como el nombre y el teléfono de *EvanTell* estaban en la última página, ella quería saber cómo conseguir más ejemplares. Ella estaba contentísima con lo que ahora comprendía, y quería que otros supieran. Yo pensé: *Estoy seguro de que la persona que dejó el tratado junto con algunas otras que le hablaron de Cristo ni siquiera saben lo que lograron sus esfuerzos.* Su sensibilidad indicaba que meses antes, y tal vez años, alguien había sembrado la semilla del evangelio. Ahora había dado fruto. Las personas que participaron ni siquiera se enteran de lo que lograron sus esfuerzos. Será recompensado todo el que participó en llevarla a Cristo.

Idea falsa 21

Cristo enseñó que solo Él puede llevar a los perdidos hacia sí mismo.

La responsabilidad de llevar a los perdidos a Cristo es de Dios, no de sus siervos. Jesús explica en Juan 6:44: "Ninguno puede venir a mí, si el Padre que me envió no le trajere; y yo le resucitaré en el día postrero". Cristo repite ese énfasis cuando dice: "Por eso os he dicho que ninguno puede venir a mí, si no le fuere dado del Padre" (v. 65). Las personas están tan atrapadas en el pecado que, a menos que Dios las libere, no tienen esperanza.

¿Por qué? Porque están ciegos. Segunda a los Corintios 4:4 los describió como personas en las que "el dios de este siglo cegó [su] entendimiento para que no les resplandezca la luz del evangelio de la gloria de Cristo, el cual es la imagen de Dios". Dios tiene que quitar el velo de los ojos de ellos. A menos que Él lo haga, nunca será quitado. Él pudiera usar un instrumento humano para hacerlo, ya sea un predicador o alguien que dé su testimonio personal. Sin embargo, en definitiva, es Cristo obrando. El instrumento es solo el medio de quitar la ceguera; el instrumento no es el poder por el cual se quita la ceguera. El poder pertenece a Cristo.

Claridad: Esa es la presión que debemos sentir.

La presión de llevar personas a Cristo es de Dios. Solo podemos presentar a Cristo a las personas. La única presión que debemos sentir es la presión de presentar con claridad el evangelio.

Mientras Cristo colgaba en la cruz, dijo: "Consumado es" (Jn. 19:30). Delante de un Dios santo Él hizo todo lo que podía hacerse para satisfacer la ira de Dios contra el pecado. Su pago por nuestro pecado fue completo y definitivo. Él y solamente Él hizo expiación por nuestros pecados. Para ir al cielo, no podemos confiar en Cristo *más* otra cosa (tal como nuestras buenas obras y esfuerzos religiosos). Solo Cristo salva.

Cuando presentamos con claridad el evangelio, solo Cristo por medio de su Espíritu Santo puede producir una comprensión del evangelio. Pero Dios usa la claridad de nuestra presentación para mostrar a los inconversos su condición, el remedio divino y su necesidad de confiar en Cristo. Mientras evangeliza, dígase a sí mismo: "Debo ser claro, claro, muy claro".

Conclusión

Recuerde que Dios nos hace responsables del contacto, no de la conversión. Tenemos el privilegio de presentar a los perdidos a Cristo, pero la presión para que ellos confíen en el Salvador depende de Él, no de nosotros.

Cuando mejoramos nuestras capacidades aumentamos nuestra eficiencia en evangelizar a los perdidos. Pero aun cuando respondan multitudes, Dios los gana, no nosotros. Cualquier presión que sintamos es la de hacer claro el evangelio para los perdidos con el propósito de que confíen en Cristo. Si confían o no es responsabilidad de Dios.

Dios no cuenta a nuestros convertidos. Él examina nuestra fidelidad, y recompensa nuestro trabajo. Los resultados están en sus manos, no en las nuestras.

Apéndice

Tratado: "¿Me permite hacerle una pregunta?"

El tratado de *EvanTell* "¿Me permite hacerle una pregunta?" se encuentra en castellano y ha sido útil para llevar a millones a Cristo. Puede solicitar el tratado a *EvanTell, Inc.*, llamando al número gratuito de larga distancia (1-800-947-7359) o a través de la dirección electrónica de *EvanTell* en www.evantell.org/espanol.

Notas finales

Idea falsa 10
1. Os Guinness, *In Two Minds* [En dos mentes] (Downers Grove, Ill.: Intervarsity Press, 1976), 20-21.

Idea falsa 11
1. Mahatma Ghandi citado en Warren W. Wiersbe, *Be Rich* [Sea rico] (Wheaton, Ill.: Victor Books, 1976), 97-98.

Idea falsa 14
1. G. A. Johnson Ross citado en *Christian Clippings*, (octubre de 1988): 13-14.

Idea falsa 16
1. Jack y Billy Campbell, "Úsame, Cristo". 1956, 1963 G. P. H. Asignado en 1997 a The Lorenz Corporation. Reservados todos los derechos. Protegida la propiedad literaria internacional.

Idea falsa 17
1. Lewis Sperry Chafer, *True Evangelism* [Evangelismo genuino] (Grand Rapids, Mich.: Dunham Publishing, 1919), 89.

Idea falsa 20
1. "Cómo representar a Dios", (diciembre de 2001).

Idea falsa 21

1. David K. Lowery, "1 Corintios", en *The Bible Knowledge Commentary* [El comentario de conocimiento bíblico], ed. John F. Walvoord y Roy B. Zuck (Wheaton, Ill.: Scripture Press Publications, Victor Books, 1983), 524.

www.ingramcontent.com/pod-product-compliance
Lightning Source LLC
Chambersburg PA
CBHW052032070526
44584CB00016B/2001